KB120715

장지원 원장이 전하는

현대인의 탈무드

장지원 원장이 전하는

현대인의 탈무드

초판 1쇄 인쇄일 2014년 11월 20일
초판 1쇄 발행일 2014년 11월 30일

지은이 장지원
펴낸이 양옥매
디자인 최원용
교　정 김인혜

펴낸곳 도서출판 책과나무
출판등록 제2012-000376
주소 서울특별시 마포구 월드컵북로 44길 37 천지빌딩 3층
대표전화 02.372.1537　**팩스** 02.372.1538
이메일 booknamu2007@naver.com
홈페이지 www.booknamu.com
ISBN 979-11-85609-97-3(03190)

이 도서의 국립중앙도서관 출판시도서목록(CIP)은 서지정보유통지원 시스템
홈페이지(http://seoji.nl.go.kr)와 국가자료공동목록시스템
(http://www.nl.go.kr/kolisnet)에서 이용하실 수 있습니다.
(CIP제어번호 : CIP2014033053)

장지원 원장이 전하는

現代人

현대인의 탈무드

Talmud

장지원 지음

책과나무

먼저 드리고 싶은
말씀

보이지 않아도 보는 것이 믿음이며 희망입니다. 눈에 보이는 것만 보며 가치를 논하는 사람은 껍데기에 노예가 되는 삶을 하기 십상인 사람입니다.

전반전 20여 년 절밥을 먹으면서 내 인생을 성장케 하시고 혜안을 주신 부처님께 감사하오며, 후반전 많은 목사님을 만나고 교회 속에서 찬송을 들으며 내 인생에 사랑을 알게 하시고 영혼을 깨워 주신 하나님께 감사를 드립니다.

세상에 나를 낳아 주시고 이만큼 살도록 회초리를 들어 주신 어머님께 감사하며 큰 절을 올립니다.

껍데기에 노예가 되지 마라

아홉 번째 책을 내면서 마음이 더 무거워짐을 느끼고 있습니다. 나 자신도 껍데기에 집착하며 미혹(迷惑) 속에 살아온 삶인 줄 모른 채 지나쳐 온 시간들이 하나, 둘 고개를 쳐들고 내 가슴과 내 영혼을 치고 갑니다.

후회는 가치 없는 시간 낭비인지라 앞으로 가야 할 길 위에 어떤 모양과 색깔로 그림을 그려야 할지(?) 생각들이 교차되지만 이제라도 벗어 버려야 바르게 볼 수 있음을 정돈하고, 실행할 것입니다.
내가 세상을 위해, 사람들을 위해 기쁨을 줄 수 있는 그 역할에 대해 부족하지만 기도하며 답을 찾아가겠습니다.

30여 년 동안 사회 교육자로 살아오면서 유태인들의 훈련 방법을 공부하고 〈리더십훈련원〉과 〈세일즈맨사관학교〉 그리고 〈네트워커사관학교〉를 창설, 참여 체험식 프로그램을 만들어 자아 성찰과 지식의 교만을 벗고 행동력을 일으켜 세우는 훈련을 25년간 운용했습니다.

힘든 훈련이지만 적극 참여해 주신 6만여 분들, 땀과 눈물로 포옹하던 추억은 영원히 잊을 수가 없을 것입니다.
진정한 리더십은 지식이 아니라 행동력에 있으며 어울릴 줄 아는 사랑임을 훈련 속에서 찾도록 했던 프로그램이었습니다.

본서는 체험을 통해 얻어낸 지혜와 교육에 대한 철학, 그리고 신앙관의 소신을 적어 보았습니다.

열등의식에 붙들려 재능을 발산하지 못하고 부정적인 자기 암시 때문에 앞으로 나가기를 주저하는 사람과 특히, 우울증에서 빠져나오지 못하는 사람들에게 치유될 수 있는 처방에 정성을 쏟았습니다.

현상에 부족함과 불만을 느끼며 기를 못 펴는 사람들을 위해 본서는 보약이 되고 자신감으로 변화될 것입니다. 망상 속에서 참을 볼 수 없고 미혹(迷惑)에서 벗어나지 못해 진실인 양 착각에서 헤매고 있는 영혼에게 깨우침을 주려고 노력했습니다.

우리는 삶 속에서 껍데기에 시간을 허비하고 재물을 낭비하며 허둥대는 모습을 한참 지난 후에 자신을 보게 됩니다. 그러나 늦게라도 볼 수 있다는 자체가 행운임을 알아야 합니다. 지금부터의 삶은 참을 보고 나머지 인생을 추스를 수 있기에 말입니다.

마음만 먹으면, 맘먹기에 따라 삶의 색깔과 운명은 달라진다는 사실을 우리는 알고 있습니다.

교육은 내 인생이고 무엇과도 바꿀 수 없는 나의 전부입니다. 그래서 교육을 청해 주신 분이 가장 고맙고 감사하며 즐거운 마음으로 강의를 하지만 마음속은 "강의를 듣기 위해 오신 분께 귀하고 값진 시간이 되어야 한다."는 압박이 멈추지 않았습니다.

껍데기에 노예가 되지 마라

천당과 지옥의 맹목 신앙, 진리를 형상과 껍데기에 집착하고 착각하게 하는 신앙관, 물질의 복을 얻게 해줄 듯 기도를 유도해 가는 종교 리더들, 그리고 교단과 교리 주의에서 조용히 일탈하기를 소망했습니다.

본서가 독자님의 새로운 삶에 길잡이가 되기를 소망하고 좋은 나라 만드는 일에도 마음을 함께해 주시길 간절히 바라오며 독자님의 혜안이 광채가 흐르고 그 빛이 만인의 기쁨이 되기를 기도합니다.

원고를 정성껏 정리해준 오윤지님과 책을 만들어준 출판사 책과 나무의 양사장님께 고마움을 전합니다.

2014년 11월

저자 예향(芸香) 장 지 원

contents

껍데기에 노예가 되지 마라
현대인의 탈무드

마음만 먹으면
맘먹기에 따라
삶의 색깔과 운명은
달라진다는 사실을
우리는 알고 있습니다

現代人

현대인의
탈무드

Talmud

"껍데기에 노예가 되지 마라"

1

유태인의 손목시계

❋
. . . .

유태인은 자녀가 13세에 이르면 성인식을 합니다. 여자아이는 성
장이 더 빠르다는 이유로 12세에 성인식을 하는데 그때에 자녀에게
주는 선물이 성경책, 축의금, 손목시계입니다. 그중에 시계를 선물
로 주는 이유는,

"시간은 너의 인생에 가장 귀중한 것이란다."

「Time is money」

「Time is life」

「Time is fate」

시간은 돈이며 삶이요, 운명이라고 가르치는 것입니다. 시간과의

껍데기에 노예가 되지 마라

싸움에서 이겨야 하고 시간을 효율적으로 활용할 것을 주문하며 시간의 두려움도 일깨워 주는 것이 그들의 성인식에서 손목시계를 채워 주며 하는 가르침입니다.

시간 낭비의 두려움을 아는 그들은 승리자로, 성공자로 성장했고 파워맨으로 세상에 서 있게 되었습니다. 2차 대전 당시에 패망과 폐허 속의 굴욕을 이기고 어떻게 일어섰을까?

노벨상의 30%를 유태계가 차지하고 세계 유명 대학의 교수 20%를 넘어섰으며 미국 인구의 2%밖에 안 되지만 미국 정치의 막강한 막후 실력을 행사하고 있음입니다. 미국 내에 거주하는 유태계는 400대 부자 반열에 23%, 상위 40대 부자 그룹에는 무려 40%가 유태계입니다.

그들은 어떻게? 무엇 때문에? 이 같은 성공을 만들어 냈는가?!
(팔레스타인과의 전쟁을 멈추지 못하는 그들, 세계인의 눈총을 받지만…)

한구인들의 손목시계에 대한 생각은 무엇인가!?
시간을 볼 수 있도록 손목에 차고 있지만 시계를 자주 들여다보며 시간과의 전쟁을 벌이고 있는 사람은 얼마나 될까?
우리네 엄마들은 어린 자녀에게 시계를 사 주면서 시간이 주는 귀중한 가치에 대하여 설명한 일이 있는 것인가!

시간의 가치보다 시계의 값과 외형의 디자인에 따라 시계를 사 준 엄마와 시계를 찬 본인의 평가는 결정되며 주변 친구들의 평가도 얼마짜리며 외형 디자인이 어떤가로 구구절절이 평가를 합니다.

그들이 성장하여 30대 초반쯤 결혼을 할 때에도 예물 중에 손목시계는 약방의 감초처럼 품목이 정해져 있는데 세계적인 메이커 상표와 얼마짜리인가로 예물 가치와 심지어 혼사의 가치까지도 측정하고 평가하려 드는 것이 우리네의 모습입니다.

더구나 기능이 좋은 스마트폰이 등장하면서 손목시계는 시간을 보는 가치에서 거의 떠나갔고 장식용으로 전락되고 만 것입니다.

그런데도 가진 자나 안 가진 자 모두가 값비싼 손목시계를 예물로 집착하는 한국인은 아직도 껍데기에 집착하고 스스로 노예가 되는 서글픈 현상입니다.

경영학의 아버지라 불리는「피터 드러커」는 [프로페셔날의 조건]이라는 저서에서,

"시간은 철저히 대체 불가능하다. 알루미늄 대신 구리를 대체용으로 사용할 수 있고 인간의 노동을 자본으로 대체할 수 있다. 그러나 시간만은 다른 무엇과도 대체할 수 없다."고 했습니다.

[좋은 기업을 넘어 위대한 기업으로]의 저자「짐 콜린스」는 경영학의 아버지「피터 드러커」가 멘토였습니다. 어느 날「콜린스」가「드러

껍데기에 노예가 되지 마라

커」에게 이런저런 고민을 털어놓자 「드러커」는,

"해야 할 리스트가 있는가?"라고 묻자,

"예"라며 자신 있게 대답한 「콜린스」에게 「드러커」는,

"그러면 하지 말아야 할 리스트도 있겠지?"라고 다시 물었습니다.

「드러커」의 그 물음에 「콜린스」는 아무 대답도 못 하고 엄청난 충격을 받았습니다.

사람들은 성공하기 위한 리스트를 만들지만 거꾸로 성공을 방해하는 리스트는 작성하지 않습니다.

해야 할 일은 계획서가 있지만 하지 말아야 할 일에 대해서는 계획서가 없기 때문에 시간을 낭비하게 되고 정해진 목표달성의 성공률이 60% 이상 감소됩니다. 이는 성공의 길을 가로막아 버리는 당신의 최대 적입니다.

그것은 바로 당신의 잘못된 습관이며 진리처럼 알고 있는 상식의 틀입니다.

하지 말아야 할 것이 무엇인지를 먼저 실천하는 것이 시간 낭비를 줄이는 길이며 성공하는 진리의 길임을 새겨야 할 것입니다.

시간만은 아무것도 대체할 수 없음을 꼭 기억하십시오.

우리는 언제 시간의 귀하고 준엄한 가치를 알아차릴까?

2

커피를 못 마시는 이유

✳
· · ·

1982년으로 기억합니다. 전국 식생활 개선 사업 담당자 연찬회가 수원에 있는 농촌진흥청에서 2박 3일간 열렸는데 참석자는 전국 계장급 여성 담당 공무원이었습니다.

그런 연찬회에 유일하게 공무원도 아닌 필자가 초청되어 의아하기도 하고 영광스럽기도 했습니다. 그 당시에 농촌 운동을 열심히 하고 있었기에 진흥청에서 특별히 초청한 유일한 남자였습니다.

당시 식생활 개선 사업 중에 입식 부엌 만들기가 중점 사업이었고 전국에 자연부락마다 입식 부엌을 시범 설치해서 농촌 마을 주민들

껍데기에 노예가 되지 마라

이 보고 그렇게 부엌을 개량하도록 권장하는 일이였습니다.

하지만 전국 마을마다 시범 부엌을 설치해 놓으려면 상당한 재원이 지출되어야 하는 일이지요.

당시 진흥청은 농림부 산하 기관이었는데 농림부 국장급이 연찬회에 참석하여 회의를 주제하였습니다.

"전국 생활 개선 담당자 여러분, 수고가 많으신 줄 알고 있습니다. 여러분이 추진하고 있는 시범 부엌 사업 이상 없이 잘 진행되지요?" 그렇게 질문 화법으로 묻자,

"예!"라고 여성 공무원들은 큰소리로 대답했습니다.

"그렇다면 그 사업비를 내년 예산에 더 많이 반영해서 농촌 식생활 개선 사업이 잘 될 수 있도록 하겠습니다. 찬성하십니까?"라는 국장의 말이 떨어지기가 무섭게,

"예! 감사합니다."라고 일선 공무원들이 일제히 대답하며 박수까지 쳤습니다.

그 대답과 만장일치 박수 소리에 국장은,

"그러면 이 안건은 통과된 것으로 하겠습니다."하면서 단상에 있는 망치를 세 번 쳤습니다.

필자는 짧은 시간에 찬반 토론도 없이 통과됐다며 망치를 치는 어이없는 결정에 도저히 그냥 보고 있을 수 없어,

"긴급동의입니다. 저에게 발언할 기회를 주십시오."

"예, 지도자님 긴급동의를 받겠습니다. 말씀하십시오."

"저는 농촌 마을을 여기 계신 담당 선생님보다 더 많이 다니는 사람입니다. 마을마다 설치해 놓은 시범 부엌은 하나도 효용 가치가 없다고 평소에 느끼고 있었습니다. 거미줄만 쳐 있고 녹슬어서 주민들 보기에도 민망스럽기만 합니다. 군수나 농촌지도소장이 마을 방문을 하는 날에는 새마을 부녀회장이 청소 한 번씩 하는 것이 전부이며 시범 부엌의 역할은 전혀 못 하는 상태입니다. 이 사업은 더 이상 예산을 낭비해서는 안 됩니다. 내년 예산을 늘리다니요. 이 사업은 철폐되어야 할 사업입니다. 국장님 다시 한 번 일선 공무원들에게 의견을 물어 주십시오. 이상입니다."

그렇게 열변을 토하고 자리에 앉기도 전에 참석한 모든 공무원들이 우레와 같은 박수를 쳤습니다.

국장은 당황하며,

"여러분! 방금 여러분이 치신 박수의 의미가 무엇입니까? 방금 지도자께서 발표하신 내용에 동의하신다는 뜻입니까?"

그런 후 잠시 동안 침묵이 흘렀고 국장은 다시 입을 열었습니다.

"통과된 안건이지만 중요한 결정이니 다시 한 번 묻겠습니다." 하고는 국장은 물 한 모금을 마시고 심각한 말투로,

"식생활 개선 사업 중에 시범 부엌 사업은 철폐되어야 한다고 생

각하시는 분은 박수로서 의사 표시를 해 주십시오."

그러자 참석자 전원은 힘차게 박수를 쳤어요.

"예~!"라고 모두가 합창하듯 대답했답니다.

"그럼, 이 사업은 철폐하겠습니다."하고는 국장은 또 망치를 세 번 쳤답니다.

세상에 이런 일도 다 있었습니다. 자칫, 국가 예산만 헛되게 쓰여 녹슬고 거미줄만 칠 뻔했습니다.

과거에는 그런 식으로 국가 예산을 편성한 작은 사례지만 탁상행 정이라는 증거가 되는 사례이고 솔직한 토론은 없고 직위를 이용한 대충 처리가 정말 속상한 일이였습니다.

30년이 지난 지금은 어떨까?

잘못된 정책 결정으로 사업비 수조 원이 날아가고 해외 투자도 구 체적인 현장 조사와 미래의 계산도 없이 수조 원씩 날리는 나라 살 림하는 사람들의 행위가 괘씸합니다.

그 돈이면 일자리 창출을 해서 수만 명에게 일터를 제공할 수 있 는 돈인데 − 예나 지금이나 하는 짓이 속상합니다.

또한, 10대 공기업들의 마이너스 경영으로 2013년에 28조 원의 빚이 늘어났다는 신문 보도를 보며 섬뜩하였습니다.

연찬회 둘째 날,

휴식 시간마다 복도에 커피만 마실 수 있게 놓여 있어서 필자는 회의 중에 또 한 차례 긴급 제안을 발표했습니다.

"우리의 이번 연찬회가 식생활을 개선하자는 중요한 토론회인데 매시간 쉬는 시간에 커피만 마시고 있는 것부터 개선해야 합니다. 각자 지역에서나 가정에서 순수 우리 한차 마시기 운동을 벌여야 하는 우리들이 커피만 마신다면 앞뒤가 맞지 않습니다. 금년도 커피 수입으로 300억 원 가량이 지출되고 있다는데 우리가 앞장서서 커피 안 마시기 운동이라도 해야 하는 것 아닙니까? 그 운동을 우리가 앞장서서 오늘부터 해야 할 것이고 '나부터 한차 마시기 실천 운동'을 전국 식생활 개선 공무원 여러분께 제안합니다. 이상입니다."

발표가 끝나고 박수는 길게 이어졌고 그 즉석에서 커피 안마시기를 선언하고 그 약속을 지키자며 의지의 열기가 대단했어요. 농촌 진흥원 직원들은 복도에 있는 커피를 치우고 한국 차로 즉시 바꾸어 놓았고요.

그때부터 30년, 커피 안 먹는 습관이 들어서 지금은 커피 한 모금만 마셔도 속이 거북합니다.

필자는 그때의 약속을 분명히 지키고 있고 내가 커피 안 마시는

껍데기에 노예가 되지 마라

것은 주변 사람들이 다 알지만 커피를 못 마시는 이유는 처음으로 밝혔습니다. 이 시대에 커피를 못 먹는 내가 미련하고 바보인지는 몰라도…

3

은혜로운 주례

지금부터 10여 년 전에 있었던 일입니다. 대전에 사는 친구로부터 전화가 걸려왔습니다.

"잘 있었는가. 중요한 부탁이 있어서 전화했는데 꼭 좀 들어줘야겠네."

"뭔데 목소리를 딱 깔고 그러는가. 좀 겁나는데….."

"다름이 아니고, 내 친척 중에 아이 낳고 사는 젊은 부부가 있는데 나이가 40인데도 식을 못 올렸어. 살기도 어렵고 애는 사내가 하나 있는데 아주 저능아라네. 일곱 살이라 학교를 가려 해도 학교에서 받아 주지 않고 다만 아이 엄마가 함께 학교생활을 한다면 입학

껍데기에 노예가 되지 마라

을 허락하겠다고 해서 아이를 데리고 학교에 함께 있으려니 노동을
해야 먹고사는데 어떻게 할 수가 없다네. 그 애 때문에 가정불화도
심하고 가난도 계속되고--"

친구의 전화가 너무 장황하여 말을 자르고 끼어들었습니다.
"대충 이해는 했는데 그래, 내가 도울 일이 어떤 건가?"
"으응, 그 부부가 이제 마음에 안정을 찾았다네. 그래서 친척 몇
사람이 십시일반 돈을 마련해서 결혼식을 올려 주기로 했네. 자네
가 주례도 서 줘야 하지만 서울 봉천동에 사는데 그 부부를 자네 차
에 태우고 대전 예식장에 와 줘야 하네."
"아니 왜 서울에서 식을 올리지 않고…"
"고향이 대전이고 친척이 대전에 사니까 그렇다네."

그래서 결혼식 날짜에 그 부부와 저능아 아이를 태우고 대전을
가는 2시간 동안 나는 그 부부와 많은 얘기를 나누며 차를 몰았습
니다.
"친구한테 얘기는 들어서 알고는 있는데 아이 때문에 걱정이 많이
된다 구요?"
"네~에, 그런데 이젠 걱정하지 않아요."
"그럼 아이가 좀 좋아졌다는 뜻인가요?"
"아니요. 그런 것은 아니지만 저희 부부가 마음을 바꾼 거예요.

그랬더니 마음이 평화롭고 그냥 감사해요.”

아이의 엄마가 평온한 얼굴로 대답했고 뒷좌석 엄마 옆에 앉아 있던 아이는 거울을 통해 보니 저능아 행동을 계속하고 있음이 보였습니다.

그런데도 아이 엄마는 평화로운 표정과 말투였습니다.

친구에게 전화를 받을 때는 아이 때문에 늘 불화가 있고 생활이 각박하여 결코 평화로울 수 없는 상황임을 알고 있었는데 부부의 얼굴은 여전히 평화롭기만 했던 것입니다.

“얼굴이 참 평온해 보여서 좋아요. 미안한 질문인데… 어떻게 그런 평온한 얼굴을 가질 수 있는지…?”

“저희들도 이 아이 낳고 몇 년 동안 편안한 날이 없었어요. 몸으로 먹고살아야 하는데 아이에게 매달려 왼종일 살아야 하니 생활이 엉망이었죠.”

“그런데 어떻게…”

“왼 종일 짜증과 불만 속에서 부부 싸움만 늘어가고 살기가 싫어져 별생각을 다 해 봤어요. 그러던 어느 날 한동네에 살고 있는 교회 권사님이 찾아와 교회에 함께 가기를 권했어요.”

“그래서 교회에 바로 갔습니까?”

“아니요. 오히려 더 짜증스러웠고 신경질적으로 권사님을 내몰

앉어요."

"쯧쯧, 그랬군요."

"그런데 권사님은 더 자주 찾아오셔서 교회 나가면 다 해결된다고
계속 권하시는 거예요."

"그 권사님은 가정 사정을 알고 있었나요?"

"네, 어느 정도는 알고 계셨어요."

그런 후에도 권사의 집요한 설득에 아이 엄마는 교회를 나가게 되
었고 맨 처음 주일 예배에 참석하여 성가대의 찬양 소리에 상상할
수 없는 기쁨과 가슴속 깊이 알 수 없는 전율을 느꼈다는 것이었습
니다.

주일마다 가슴이 설레며 살아 있음에 감사하고 하나님의 뜻이 있
었기에 저능아지만 아이를 나에게 주셨음을 받아들이니 평화로움이
온몸에 겼어들기 시작했다는 것입니다.

아이 엄마는,

"선생님, 오늘 저희 주례도 서 주시고 대전까지 직접 운전도 해
주시니 너무 감사해요. 주님이 저희 세 식구를 너무나 사랑해 주시
나 봐요. 주님을 의지하니 좋은 일만 생기는 것 같아요. 주님 만나
니 이렇게 좋은 것을요."

'주여! 감사합니다. 감사합니다.'하고 나는 나지막이 감사 기도를 드렸습니다.

"축복입니다. 교회 나간다고 아무에게나 축복을 내려 주시지 않습니다. 주님은 사랑할 가치가 있는 자에게만 축복을 주십니다."

"그런가요? 그럼 저는 선택받은 거네요."

"그럼요. 분명 선택받았어요. 그런데 애기 아빠는 아무 말도 안 하고 미소만 짓고 있는데 주님을 만나 보니 어떠세요?"

아이 아빠는 여전히 말이 없고, 아이 엄마가 말을 받았습니다.

"선생님, 말도 마세요. 처음에 교회 가자고 하니까 날 잡아먹으려고 했어요. 한 달을 싸우면서 억지로 교회에 동행하게 되었는데 지금은 주일날을 저보다 더 챙기고 더 좋아해요."

이들 부부를 보면서 내가 감동을 받았고 은혜를 받았고, 대전까지 차를 운전하는 내내 행복감과 흐뭇함에 젖어 버리고 말았습니다.

고통의 인생에서 평화로운 인생으로, 절망의 인생에서 희망과 감사의 인생으로 역전할 수 있다면 분명 살맛나는 인생입니다.

저능아의 아들이 속상하고 짜증나고 부끄러워 죄지은 듯 살다가 이젠 그런 아들이 예쁘고 대중 앞에 아이와 함께 당당히 설 수 있으며 내 아들 덕분에 주님을 만나게 되었으니 너무도 귀한 아들이라는 것이었습니다.

참으로 아름다운 부부였습니다. 그날 주례를 서며 내내 부부 자랑을 늘어놓았지요.

필자가 주례를 서 준 어떤 결혼식보다도 참으로 은혜로운 주례였습니다.

주님이 지켜 주시니 부부와 장성했을 아들이 강건하게 잘살고 있으리라 믿고 있습니다.

껍데기에 노예가 되지 않을 부부라 믿으며…

4

숨을 쉬어라

✻
· · ·

1972년 10월 13일, 우루과이 럭비 팀 45명이 칠레 팀과의 경기를 하기 위해 비행기로 이동 중에 안데스 산맥에서 빙하로 덮인 계곡에 추락하고 말았습니다.

(안데스 산맥 : 해발 고도 6,100m. 남아메리카 대륙의 서쪽, 세계에서 가장 긴 산맥이며 록키산맥, 히말라야 산맥과 함께 세계 3대 산맥)

영하 30도의 혹한과 빙하와 눈 덮인 곳에서 결국 16명만이 살아남게 되었습니다. 구조대가 비행기를 띄워 찾았으나 찾지 못하고 포기한 상태였습니다.

껍데기에 노예가 되지 마라

16명의 생존자는 통신도 먹을 것도 없었습니다. 눈 속에 묻혀 버린 동료의 시체를 찾아내어 인육을 먹으며 연명해 갔습니다.

그러나 언제까지 그렇게 버틸 수만은 없었으며 누군가 눈 덮인 산을 내려가 구조 요청을 해야만 살아날 수 있음을 알았지만 5,000미터나 되는 영하 30도의 눈 덮인 산을 내려갈 아무런 장비가 없었습니다.

생존자 중 「파라도」와 「알베르토」가 죽을 각오로 나섰습니다. 옷을 겹겹이 껴입고 운동화만을 신은 채 산악 등반 장비가 있어도 위험한 5,000미터의 눈 산을 내려가 100km를 더 걸어서 기적적으로 구조 요청에 성공을 거두었습니다. 이에 16명의 생존자는 72일 만에 구조되었던 것입니다.

죽음을 각오하고 사투를 벌인 「파라도」는 방송 인터뷰에서 이렇게 절규했습니다.

"심장의 한 박동에서 다음 박동으로 근근이 이어가면서도 삶을 사랑했습니다. 피눈물을 흘리며 동료의 시체를 뜯어먹으면서도 그 삶의 순간, 인생의 일 초 일 초가 엄청난 선물임을 깨달았습니다.

숨을 쉬어라! 다시 숨을 쉬어라! 숨 쉴 때마다 살아 있는 존재를 사랑하라! 매 순간을 충실히 살아가라! 단 한순간도 허비하지 말라! 숨을 쉴 때마다 감동과 감사함을 잊지 말라!"고 자신의 가슴을 치면서 비통하게 외쳤습니다.

이 실화는 이미 영화로도 만들어져 유명한 이야기입니다.

살아 있는 동안 에너지를 낭비할 여유 부리는 인생의 시간이 많지 않음을 알아야 합니다.

대부분의 사람들은 61세가 되면 정년퇴임을 합니다. 그리고는 할 일을 다 했다는 듯 일손을 멈추고 손주 보는 일, 등산을 한다거나 낚시 혹은 취미 생활을 합니다.

30년, 40년 일했으니 그럴만하고 좋은 현상 같아 보이지만 필자의 생각은 다릅니다.

"인생의 가치는 무엇을 했느냐가 아니라 지금 어디를 향해 가고 있느냐로 결정된다."는 의미를 알아야 합니다.

현실적으로 이제 평균 90수를 산다고 보면 정년 퇴임 후에도 약 30년의 삶이 남아 있습니다.

직장 생활을 31세부터 했다면 30년 일했는데 일손 놓고 30년을 산다는 것은 생각만 해도 끔찍하지 않습니까?

제일 큰 문제는 61세 환갑이 지나면 스스로의 능력을 감소시키고 "이제, 뭘"이라는 말을 많이들 합니다. 그냥 해 보는 말이겠지만 그 말은 곧 잠재의식에 가두어지고 스스로를 무능으로 몰아가는 독소임을 알아야 합니다.

침해라든가 건망증, 기타 자질구레한 병들이 생기는 근본적인 원인은 뭔가 해 보려는 의욕과 열정, 신념, 창의력 등이 상실돼 가고 있기 때문입니다.

필자는 지금도 강의를 다니지만 자주하는 내용 중의 하나가 「도전을 멈추지 말라」입니다. 숨을 거두기 직전까지 도전 의지를 가지고 살 수만 있다면 가장 가치가 있는 인생이고 가장 젊게 사는 인생이 될 것입니다.

도전해서 얼마나 돈을 벌고 성공적 결과를 얼마나 가져왔느냐는 두 번째 문제입니다. 도전해 보는 그 자체만으로 훌륭한 삶을 진행하고 있는 것입니다.

그것이 아름답고 젊게 살며 오래 사는 비결이 될 것이기에 61세 이상의 모든 분에게 「도전 인생」을 적극 권합니다.

30대, 40대, 50대의 젊은 분들에게는 앞서 기술한, 죽음을 각오한 사투 끝에 기적을 이끌어 내어 16명의 귀한 생명이 소생할 수 있게 만든 「파라도」의 절규를 가슴에서 지우지 말기를 당부하고자 합니다.

"한순간도 허비하지 말라! 숨을 쉬어라! 살아 있는 자신을 사랑하라!"

5
나의 결혼식 프로그램

✳
· · ·

2012년 한 해 동안, 그리고 2013년까지 호화 결혼식을 간소화 하자는 슬로건으로 신문에 도배를 했습니다.

정치인, 고급 공무원, 돈 많은 재력가, 유명 인사, 연예인 등이 호텔이나 비싼 장소에서 사람들을 초대하여 세를 과시하기도 하고 축의금의 실익을 취하는 행위도 되는 것을 막아 보자는 것이지요.

청첩장은 친척, 친구, 지인들에게 고지서처럼 인식된 것이 오늘의 현실입니다.

개인 사정으로 참석을 못하면 대리인에게 축의금만 전달하면 쌍방 간 인사치례는 되는 셈이 되고 아니면 혼주에게 은행 계좌 번호를 핸드폰으로 물어 보고 입금도 시킵니다.

그보다 편리한 방법은 혼주가 핸드폰에다 지인들에게 초대 인사와 함께 친절하게도 계좌번호를 찍어 주는 것입니다.

그보다도 완벽한 것은 청첩장에 참석 못 하는 지인들을 위해 계좌번호를 인쇄해서 보내 주는 알량한 서비스도 있습니다.

결론은 돈 많은 부자나 유명인은 세 과시를 하는 것이고 중산층 이하는 축의금 때문에 지인을 초대하는 것이라 보면 될 것입니다. 물론 두 가지를 다 취하려는 목표가 있지만 어떤 이들은 품앗이 성격이 있고 그런 때만이라도 얼굴 한 번 보는 것이 큰 의미가 있다고 하지만…

그것이 틀린 말이라거나 잘못되었다는 뜻은 아닙니다. 그런데 좀 개운치 않은 - 껍데기 포장 같다는 생각을 지울 수가 없습니다.

품앗이는 마을 공동체에서 힘든 일을 서로 거들어 주면서 서로 간에 품을 지고 갚고 하는 일을 말합니다.

품앗이 속에는 인정도 있고 협동 정신도 있고 도리도 있지요. 품앗이 속에는 금전의 계산 심리도 없고, 세를 과시하는 행위는 더더욱 없습니다. 청첩장 때문에 부담을 느끼게 된다면 그것만으로도 불편을 주는 행위가 되는 것입니다.

좀 심하다 싶은 것은 5년~10년쯤 연락도 없던 동창이나 지인이 어떻게 주소와 핸드폰 번호를 알았는지 청첩장이나 핸드폰에 문자로 알려 오는 것입니다.

나의 애경사에 한 번도 와보지 않은 사람이 청첩장을 내밀 때는 참 황당하고 난감합니다.

여러모로 파워가 있는 사람의 혼사에 초대하지도 않았는데 축의금을 많이 넣어서 찾아가는 행위입니다. 그것은 일종의 영업 행위로 볼 수 있을 것입니다.

필자의 후배 중에 파워 있는 사람의 애사에 상당한 액수의 부의금을 내고 고인의 사진 앞에 절을 올린 후 애통한 모습으로 상주와 인사를 나누고 왔는데 한참 후에 상주 쪽에서 전화가 왔고 결국 만나서 식사도 했다는 것입니다. 물론 아는 사이도 아니었습니다.

당시로서는 예사롭지 않은 부의금을 회사 주소와 전화번호가 인쇄된 봉투 속에 넣어 냈다는 것입니다.

결국 사업에 도움을 받았고 돈도 많이 벌었다고 얘기를 들었는데-, 그 번 돈이 쌍방 간 어떻게 지출되고 활용되었는지 짐작이 갈 만한 일입니다. 그것은 코믹한 영업 행위입니다.

더욱이 호화 결혼식은 품앗이와는 하늘과 땅만큼 차이가 나는,

말도 안 되는 일이고 호화 결혼식 자체는 분명 껍데기에 치중하는 행위라고 볼 수 있을 것입니다.

호화 결혼식을 치루는 당사자들은 그것이 남들이 부러워할 것이란 과시욕이 곧 행복이라는 착각을 일으킬 수도 있을 것입니다.

〈나의 결혼식 프로그램〉

30여 년 전, 필자가 결혼식을 치루기 위해 가족회의를 가졌는데 결정된 내용은 다음과 같습니다.

결혼식장에 참석할 인원을 거의 확정했습니다.

1. 신랑, 신부의 가족과 같은 지역에 살고 있는 사촌지간으로 한정했고 타향에 사는 친인척은 제외했습니다.
2. 식장은 당시 청소년회관으로 정하고 신랑, 신부의 친구는 각각 10명 이내로 한정했습니다. 그리고 참석자 모두에게 축의금은 사절하기로 했고 음식도 간소화하기로 결정했습니다.

결혼식 날 약 50명 정도가 참석했고 식이 끝난 후에 〈알려 드립니다〉를 인쇄하여 "언제, 어디서, 누가 누구와 혼인을 맺었습니다. 축복하여 주십시오."라고 참석하지 못한 친인척과 친구, 지인에게 우편으로 보내 주었습니다.

이것이 필자의 결혼식 프로그램이었습니다.

참 오래된 일이지만 요즘 들어 생각해보니 '정말 잘한 일이구나' 싶습니다. 그때 가족회의를 주관해 준 어머니와 형제들에게 감사합니다.

나의 프로그램이 최상이라고는 말할 수 없겠지만 이 시대에 결혼식 방법을 바꾸는 일에 참고가 되었으면 합니다.

6
어느 검사의 생애

✳
· · · ·

2011년 9월 8일자 조선일보에 〈30대 검사, 관사에서 숨진 채 발견〉이라는 기사를 보았습니다.

34세의 총각 검사가 "죄송합니다."라는 짧은 유서를 남기고 관사에서 숨진 채 발견된 것입니다.

발견 당시 허 검사는 목에 고무장갑을 두른 채 누워 있었고 왼쪽 손목에는 흉기로 동맥을 끊으려 시도한 흔적도 남아 있었답니다.

A4용지에 자필로 "죄송합니다."라고 적은 유서와 소주병 맥주병도 있었답니다.

경찰은 그 검사의 홈페이지에서,

"올린 결재를 모두 반려 받고 잔뜩 지적당하고 돌아왔다."

"먹고사는 건 비루하고 사랑은 어렵다."

"더 이상 너는 빛나지 않는구나."라고 쓴 글을 발견했습니다.

그 검사는 미혼이며 대전지검 형사3부에 초임 발령을 받은 뒤 관사에서 홀로 생활해 온 것으로 알려졌습니다.

검사 직업은 옛날 과거시험에 합격하여 임금으로부터 부여받은 암행어사와 같은 직분이며 세인들이 대부분 동경하고 부러움을 사는 직책입니다.

검사가 된 것은 본인의 불철주야 노력한 대가이기도 하지만 거기까지 뒷바라지를 해낸 부모님의 애쓴 결과라고도 볼 수 있습니다.

사법 시험에 합격하고 연수를 거쳐 검사직이나 판사직에 선발되지 못하는 사람이 약 45% 이상이고 일자리가 없어 일반직장이나 변호사 사무실에서 2~3백만 원 월급으로 출발하는 경우도 있습니다.

박사 학위를 받고 대학 강사로 활동을 하지만 시간당 5만원의 강사료로 월 50만 원 정도의 수입으로는 도저히 견딜 수 없어 뒷동산에 올라가 목매달고 자살한 경우도 뉴스를 통해 알고 있습니다.

숨진 사람에 대하여 오죽하면 자살했겠느냐고 대변을 할 수는 있겠지만, 스스로는 불행하다는 결론과 닥쳐온 불행을 풀어낼 길이 없다는 판단 때문에 자살을 시도했을 것이고 그 검사의 경우는 소주와 맥주가 섞여져 그런 생각을 극단으로 몰아가는 역할을 가세했을 것입니다.

참으로 마음 아프고 아까운 인재를 잃었음에 허탈한 생각으로 혀를 차보지만,

필자뿐 아니라 많은 사람들은 이구동성으로 "바보 같은 사람"이라고 꾸지람을 할 것입니다.

필자는 기업체 강의를 하면서 자살한 이들에 대하여,

"코앞의 괴로운 것, 불행한 것만 보았지 한발 비켜서면 바로 옆에 행복을 못 보는 바보들이고 자신감 없는 못난이"라고 힐책해 버린 적이 있습니다.

참으로 아쉽고 인재를 잃은 허망감이 밀려옵니다.

7
떨어진 운동화의 행복

✳
· · · ·

세 아이를 둔 가난한 아빠가 있었습니다. 어린아이들이 어찌나 개구쟁이인지 옷이며 운동화가 흙 범벅이가 되는 날이 많았고 운동화가 찢어지는 경우도 자주 있었습니다.

하루는 세탁기를 돌려 빨래를 하려 했지만 오래된 세탁기는 결국 고장이 나고 말았습니다.

세탁기를 새것으로 구입할 돈도 없었고 중고 세탁기조차도 구입하기가 부담스러웠습니다.

한참을 고민하다가 벼룩시장 신문을 뒤적여 보았습니다. 그런데

껍데기에 노예가 되지 마라

천만뜻밖에도 중고 세탁기를 무료로 준다는 두 줄짜리 광고를 보게 된 것입니다.

혹여 잘못 봤나 싶어 몇 번이나 읽어 보았고 즉시 전화를 걸어 확인을 했습니다.

"여보세요, 벼룩시장 광고를 봤는데 정말 세탁기를 그냥 주시는 게 맞습니까?"

"예, 맞습니다. 우리 집에서 쓰던 건데 새것은 아니어도 아직은 쓰실 만할 거예요. 필요하시면 오십시오."라며 친절하게 답을 해 준 목소리는 부드러운 남자였습니다.

아이 아빠는 주소와 위치를 자세히 메모하였고 다른 사람이 가져 갈까 조바심이 일어 즉시 그 집을 찾아갔습니다.

대문 앞까지 와보니 한눈에 보아도 부잣집이었습니다. 초인종을 누르자 대문이 열렸고 집주인 아저씨가 현관을 열며,

"어서 오세요. 세탁기 때문에 오셨죠?"

"예, 그렇습니다."

"안으로 들어오세요. 세탁기가 무거워서 함께 들어 줘야겠어요."

참으로 친절한 분이였습니다. 주인아저씨와 세탁기를 힘들게 들고 나오는데 부인같이 보이는 분도 조금 거들며 따라 나왔고 현관을 지나 마당까지 힘들게 옮겨 놓았습니다.

한눈에 보아도 세탁기는 새것이나 다름없을 정도로 깨끗하고 좋아 보였습니다.

세 사람은 "후 휴~"하며 허리를 펴고 있었습니다. 아이 아빠는,

"우리 집 애가 셋이나 되는데 어찌나 개구쟁이 짓을 하는지 옷이며 운동화를 당할 수가 없다니까요. 오래된 세탁기도 고장이 나서 이렇게 가지러 왔습니다."

그러자 부인되는 사람의 얼굴이 침울해졌고 곧바로 눈물을 보이며 집 안쪽을 향해 종종걸음으로 가고 있었다.

아이 아빠는 의아스러웠고 당황하고 말았습니다.

"선생님, 제가 뭐 잘못했습니까? 사모님께서 상당히 안 좋으신 것 같은데요."

아이 아빠는 순간 걱정도 되고 뭔가 실수를 한 것 같아 불안스러웠습니다.

"아~ 아닙니다. 개의치 마세요. 실은 제 딸아이가 하나 있는데 14년째 한 발짝도 걸어본 적이 없답니다. 침대에 누워서만 살다보니… 집사람이 아저씨 아이들 얘기하는 소리를 듣고 또 울컥했나 봐요."

그 말을 들은 아이 아빠는 죄송한 마음에 어쩔 줄 몰랐습니다.

"마음 쓰지 마세요. 걱정 말고 세탁기나 잘 가져가세요."

"정말 죄송합니다."

몇 차례 죄송하다는 말과 함께 용달차를 불러 세탁기를 집으로 가

껍데기에 노예가 되지 마라

지고 돌아왔습니다.

 현관문을 열자 세 녀석들의 낡은 운동화 세 켤레가 흙이 묻은 채
로 여기저기 나뒹그러져 있었습니다.
 아이 아빠는 운동화를 보자 가슴이 뛰었고 뭔가 뜨거움이 치솟아
올랐습니다.
 순간 흩어져 있는 운동화를 끌어안고 주저앉고 말았습니다. 평소
에 느껴 보지 못했던 운동화가 너무나 감사하게 느껴졌습니다. 금
새 눈에는 눈물이 흐르고 나지막이 흐느끼며,

 "하나님 감사합니다. 건강한 아들을 주셔서 감사합니다. 이런 아
들을 주신 것이 귀한 행복인 줄도 모르고 불평하고 살았음을 용서하
십시오. 감사합니다. 고맙습니다."
 아이 아빠는 떨어진 운동화를 끌어안은 채로 한동안 일어설 줄을
몰랐습니다.

 미국의 유명한 뉴스 케스터였던 UPI의 「데이비드 브린클리」는
"신은 가끔 우리 앞에 빵 대신 벽돌을 던져 놓기도 하는데. 어떤
이는 원망해서 그 벽돌을 걷어차다가 발가락이 부러지기도 하고 어
떤 이는 그 벽돌을 주춧돌로 삼아 집을 짓기 시작한다."라는 명언을
남겼습니다.

'고난'이라는 벽돌은 다루는 사람의 태도에 따라 행복의 기초가 될 수도 있고 불행의 원인이 될 수도 있습니다.

8
오른팔 없는 구두장인

1995년 11월, 술이 거나하게 취한 상태인 중년 남자가 신도림역에서 전철을 타기 위해 전철을 기다리고 있을 때,

귀가하는 사람들의 북적이는 틈에서 누군가에 떠밀려 선로에 떨어졌고 '아차'하는 순간 전동차에 치어 오른팔을 잃고 말았습니다.

그 중년 남자는 12세 되던 해에 구두 짓는 일을 배우기 시작하여 40년 넘게 구두 짓는 일에만 전념해 오고 있었습니다.

그런 그가 오른팔을 잃었다는 것은 그의 인생을 잃어버린 것이 아니겠습니까?

한동안 절망하고 고민하며 술로 달랬으나 아무런 답도 없고 대책이 없음을 깨닫고,

"내가 이래서는 안 된다. 난 다시 구두를 만들 수 있어. 오른팔이 없으면 왼쪽팔로 하면 된다."라며 생각을 바꾸고 의지를 가다듬고 일어섰습니다.

어느 날 떨어져 나간 팔에 의수(義手:인공 손)를 끼우기 위해 의수 전문점을 찾았습니다.

그곳에서 그는 또 한 번 놀라고 말았습니다.

팔, 손, 다리, 발이 없는 사람들이 의외로 많다는 것을 목격했던 것입니다. 그는 다시 한 번 강한 의지를 심었습니다.

"그래, 무슨 일이 있어도 다리가 불편한 사람들에게 꼭 필요한 구두를 만들어 줄 거야."라고 마음속으로 다짐했던 것입니다.

사고 난 지 일 년도 안 되어 구두 만드는 일을 시작했고 오른손이 아닌 왼팔 하나로 밤낮을 가리지 않고 훈련을 계속 했습니다.

몰입된 훈련은 못 해낼 일이 없는 법. 이빨과 발이 총 동원되어 그는 해낸 것입니다.

그 자신도, 지켜 본 가족도 기쁨의 눈물이 흘러내렸고 주변 사람들의 가슴을 울렸습니다.

그의 장인 정신에 박수를 보내며 단골 고객은 늘어났고 지인들의 정성이 모아져 40여 평 가게로 확장 이전하게 되었습니다.

그곳이 〈세창 정형제화연구소〉이며 그분이 72세 된 「남궁 정부」씨입니다.

그분은 2000년부터 장애인 결혼식에 구두를 무료로 제공하고 있으며 〈착한가게〉라는 봉사 단체에 매달 10만 원씩을 기부하고 있기도 합니다.

육신의 불구는 강한 정신력으로 극복할 수 있지만 마음의 불구는 아무것도 이룰 수 없고 남에게 피해를 줄 수 있습니다.

나는 마음의 불구가 아닌지 돌아보아야 합니다.

독자님 가슴 안에도 〈착한가게〉를 만들어 이웃에게 사랑을 나누는 아름답고 강한 삶을 기도합니다.

9
기 도

걸을 수만 있다면
더 큰 복은
바라지 않겠습니다.
누군가는 지금
그렇게 기도를 합니다.

들을 수만 있다면
더 큰 복은
바라지 않겠습니다.

껍데기에 노예가 되지 마라

누군가는 지금
그렇게 기도를 합니다.

말할 수만 있다면
더 큰 복은
바라지 않겠습니다.
누군가는 지금
그렇게 기도를 합니다.

볼 수만 있다면
더 큰 복은
바라지 않겠습니다.
누군가는 지금
그렇게 기도를 합니다.

살 수만 있다면
더 큰 복은
바라지 않겠습니다.
누군가는 지금
그렇게 기도를 합니다.

놀랍게도
누군가의 간절한 소원을
나는 다 이루고 살았습니다.
누군가가 간절히 기다리는
기적이 내게는 날마다
일어나고 있습니다.

부자가 아니어도
빼어난 외모가 아니어도
지식이 부족하고
지혜롭지 못해도
내 삶에
날마다 감사하겠습니다.

날마다
누군가의 소원을 이루고
날마다 기적이 일어나는
나의 하루
내 삶을
사랑하겠습니다.

어찌해야

행복해지는지

고민하지 않겠습니다.

지금 이 순간도

내가 얼마나 행복한 사람인지

호흡할 때마다 깨닫겠습니다.

– 언더우드의 기도 –

"그냥 감사합니다."

"마냥 감사합니다."

"한없이 감사합니다."

"들을 수 있고 말할 수 있고 볼 수 있고 걸을 수 있고 일 할 수 있고 도전하며 살 수 있고 서로 사랑하며 살 수 있으니 감동이며 축복입니다."

"감사합니다. 생명을 주시고 삶을 주신 님! 감사합니다."

10
죽음을 부른 탐욕

✳
▫ ▫ ▫

「캘리포니아」 선박이 승객을 싣고 항해하다가 배가 뒤집히는 사고가 일어났습니다.

그러나 구조대가 재빠르게 달려와 승객 모두를 구출했는데 승객 수를 점검해 보니 한 사람이 모자라 구조대원들은 바다 속 맨 아래까지 잠수하여 어렵게 시체 1구를 찾았습니다.

그런데 그 시체를 구조 선박으로 옮겨 조사해 보니 금을 보자기에 쌓아서 허리에 단단하게 묶어 놓았음을 발견하였던 것입니다.

죽은 승객은 금의 무게 때문에 바닷물에 뜨지 못하고 바다 밑에 가라앉아 구조대원의 손길이 닿지 못했던 것이지요.

껍데기에 노예가 되지 마라

죽은 승객은 금을 소유하고 있었던 것이 아니라 금이 그를 소유하고 지배하였던 것입니다.

인간은 재물과 떨어져 살 수는 없으나 그 재물 때문에 몸이 상하고 심하게는 죽게도 되며 끔찍한 범죄들이 발생하고 유괴범도 재물 때문에 악마의 탈을 쓰게 됩니다.

공자에게 제자가 묻기를,

"여기 아름답고 비싼 옥이 있다면 궤 속에 감춰 두리까, 아니면 좋은 값으로 팔까요?"라고 묻자 공자는,

"팔고 말고, 팔고 말고"라고 답하였으며

"현자가 재물이 많으면 그 뜻을 잃고 우자가 재물이 많으면 그 과오를 더한다."라고 일러 주었습니다.

마태복음 6:19-20절에도,

"재물을 땅에 쌓아 두지 말아라. 땅에서는 좀먹거나 녹이 슬어 못 쓰게 되며 도둑이 뚫고 들어와 훔쳐 간다. 그러므로 재물을 하늘에 쌓아 두어라."하였고,

노자도,

－ 중국 고대의 도가(道家) 사상의 시조. 노자도덕경, 무위자연 사상, 연대 미상 －

"명예나 재물에 집착하면 내 몸을 소홀이 다루어 큰 손실을 당한다."고 말했습니다.

우리는 왜 몸을 아끼며 사랑해야 하는가. 단순한 육신으로서의 몸만을 말하는 것이 아닙니다. 그 안에 불성(佛性)이 있고 신의 형상이 있기 때문입니다.

마음, 또는 영혼이나 정신이라는 무위자연(無爲自然)과 상통하여 그 속에 들어 있는 보물 때문인 것입니다.

이런 의미에서 예수는,

"네가 천하를 얻고도 네 목숨을 잃으면 무슨 소용이 있느냐"고 했던 것입니다.

재물이면 어떤 억지도 통할 만큼 타락해진 세상에서 돈과 명예와 쾌락을 잡으려고 세인들은 별짓을 다 동원하고 있습니다.

무소유(無所有)를 화두(話頭)의 근본으로 삼는 수도자(修道者)나 사랑을 근본으로 삼는 신앙인들마저 재물과 권세의 탐욕이 극심하다면 우리 사회는 거꾸로 가고 있는 것이 분명합니다.

세월호 참사의 근본 원인과 그 시발이 탐욕이며 줄줄이 탐욕의 고리가 엮여져 만연된 비리가 빚어낸 처참한 현실 속에는 공직자의 직무 유기와 종교를 탐욕의 창구로 이용한 나쁜 신앙인의 파렴치가 있음을 보고 있습니다.

껍데기에 노예가 되지 마라

대한민국의 살림을 근본부터 다시 시작하는 자세가 필요하고 한국의 신앙에 관계된 리더들의 자성과 대혁신의 기회가 되기를 소망해 봅니다.

　어떤 조직이든 리더가 먼저 버릴 것을 버려야 합니다. 당신이 경영주이며 리더라면 '버려라'하고 말하기 전에 '나는 진정 버렸는가?'를 기도 속에서 찾아내야 할 것이고 그런 방해물이 끼어들지 못하도록 마음 밭을 갈고닦는 일에 부지런해야 할 것입니다.

11
약을 먹지 말고 마음을 먹어라

❋
. . . .

어릴 적, 깊은 산골에서 어머니와 4남매가 살았습니다. 필자의 위로 형 둘이 있고 바로 내 위로 누나 하나가 성장한 산골입니다.

지질이도 못살던 시절이라 중학교나 고등학교에 다닐 수 있다는 것은 대단한 행운이었지요. 그 행운을 홀로되신 무학자 어머니의 지독한 정신력과 행동력으로 무서운 고통을 다 이기시고 자식들에게 주신 것입니다.

그런데 딸자식은 중학교를 졸업하고 학업을 중단하게 되었고 아들들은 대학까지 진학을 했습니다.

가난의 탓이 가장 큰 원인이지만 1960년대에 남녀는 분명 차별성이 강했던 시절이었지요. 그래서 내 누나는 중학교로 학업은 끝이 났습니다.

그 때로부터 55년이 지난 지금, 누나는 71세에 정규 고등학교 학생이며 졸업반이랍니다.

누나의 노력은 환갑, 진갑이 넘어서 수영 지도자 자격증, 에어로빅 지도자 1급 자격증, 스포츠 댄스 1급 자격증, 탁구 지도자 자격증, 발 관리사 자격증 등 따냈고 평생토록 가슴속에 한이 맺혀 있던 고등학교에 입학하여 2014년 2월에 정규 고등학교를 졸업하게 되었습니다.

한문 숙어 공부를 할 때 어금니를 물고 '1천 번을 쓰면 되겠지'라며 방과 후 집안 살림을 해 가면서 1천 번을 쓰느라 손가락에 물집이 잡히고 굳은살이 박혀버렸답니다.

영어 말하기 대회에서도 상을 받고 학교 내 최고령 학생으로 모범을 보여야 한다며 지각 결석을 한 번도 하지 않은 학생이랍니다.

누나의 큰아들은 약학 박사이며(며느리도 약사) 세계 굴지의 기업에 중역으로 근무하다가 모교의 약학대 교수가 되었으며 둘째 아들은 세계 골퍼 지도자 자격을 얻어 현재는 해외서 유수한 골프장에 근무하고 셋째 아들은 S대를 졸업하고 미국에서 엠아이티(MIT)를 거쳐

도시공학 박사 학위를 받고 한국에 돌아와 유수한 대학교수로 재직 중이며(며느리도 박사이며 대학교수) 넷째 아들은 한국 굴지의 기업에 과장으로 재직 중입니다. 다섯째 딸은 사업가에게 출가하여 잘 살고 있답니다.

훌륭한 엄마로서의 역할을 다하며 살아온 누나 옆에는 세계 여행 작가인 남편이 있고 여기 저기 강의와 칼럼 쓰는 일과 집필 활동 그리고 〈휘모리〉라는 사물놀이패 단장으로 열정적으로 사는 필자의 매형이 있어 참으로 빛나고 행복한 가정입니다.

2013년 11월 2일 아침, 누나가 일찍 학교에 가면서 전화가 걸려 왔습니다.

"너 오늘 미얀마 출장 간다며…? 잘 다녀와라. 나는 지금 학교 가는 길이다."

"고마워요. 누나 잘 다녀오겠습니다."

"요즘 너의 매형이 몸이 안 좋아 약을 많이 먹는단다. 그래서 오늘 아침 학교 가려고 현관을 나서면서 뭐라고 말한 줄 아니?"

"뭐라고 했는데?"

"약을 먹지 말고 마음을 먹으라고 일러줬지, 너무 약에 의존하는 것 같아서- 너도 무엇을 하든 마음을 먹어라."

전화 속에서 들려오는 누나의 말에 나는 큰 충격을 받았습니다.

약을 먹지 말고 마음을 먹어라,는 71세 된 고3학년 학생의 말은, '그래 맞아 바로 그거야'라는 번갯불이 내 뇌리에 번뜩이게 하였습니다.

마음만 먹으면 안 될 일이 없습니다. 참지 못할 일도 없고 화합하지 못할 일도 없습니다. 이해하지 못할 일도 없고 내려놓지 못할 일도 없고 자존심 때문에 소탐대실(小貪大失)할 이유도 없습니다.

건강도 마음먹기에 따라 달라질 것이고 부부 관계도 마음먹기에 달려 있고 담배를 끊는 일도 맘먹기에 달려 있고 사업도 인간관계도 과속 운전도 게으름 병, 우울증, 소심증 등등 마음먹기에 따라 운명도 팔자도 바꿀 수가 있습니다.

마음먹기에 따라 미움도 사랑으로 승화될 수 있을 것입니다. 양팔이 없어도 눈이 보이지 않아도 멀쩡한 사람보다 성공적 인생을 살아온 사람들이 무수히 많은 것은 어떤 맘을 먹느냐에 따라 운명이 결정된다는 사실을 알고 있으면서도 망설이다가 세월 속에 꼼짝 못하고 운명을 사주팔자 타령으로 마감하는 억울한 일이 없었으면 좋겠습니다.

그래서 도전하는 삶을 계속하는 나의 누나가 훌륭하고 감동을 받고 있습니다.

껍데기에 마음이 팔려 사는 군상(群像) 속에서 허우적거리는 내 모습이 되지 않도록 마음을 다시 한 번 먹어 보렵니다.

필자의 71세 된 누나는 2013년 대학입학시험에 합격하여 내년이면 대학생이 된답니다. 감동의 박수를 밤새도록 치고 싶습니다. 마음을 제대로 먹으면 못할 것이 없습니다.

12
참 좋은 파트너

✳
. . .

필자는 1977년도 운전면허증을 가지고 있으니 36년이나 운전을 해온 것 같습니다.

그런데 독자님들은 운전을 하면서 신경질을 내고 욕을 해 본 경험이 없는지요?

갈 길이 바쁜데 앞차가 길을 안 열어 주고 계속 1차선으로 천천히 갈 때 화가 나지요.

"저런~씨~."

갑자기 끼어들어오는 차가 있을 때 깜짝 놀라며,

"저런~개--."

뒤차가 빵빵거리고 라이트를 깜박이며 빨리 비키라는 신호를 할 때 바로 비켜설 수 없는 상황이라면,

"저~자식, 그렇게 바쁘면 어제 출발하지 짜샤."

거의 운전하는 사람은 경험이 있을 것입니다.

그런데 만약 운전석 옆자리에 내가 좋아하는 사람이거나 어렵고 존경하는 사람이 동승했을 때는 짜증이나 욕설이나 조급증이 발동하지 않습니다.

그때는 여유가 만만하고 누군가 끼어들기를 해도 미소 지으며 먼저 가라는 손짓까지 연출합니다.

우리는 직장에서 내가 좋아하는 파트너가 옆에 있다면 일이 신나고 마음은 여유롭고 피곤도 덜하며 직장 생활이 즐겁습니다.

가정에서 좋은 아빠가 되어 준다면 온 가족이 즐거워하고 집안이 화목하며 웃음꽃이 피어납니다.

세상 누구나 내 옆자리에 좋은 파트너가 앉자 주기를 원합니다. 내 옆에 파트너가 맘에 안 들면 마음속으로,

"에이, 재수 없어."라는 생각을 하지요.

그럼 어떻게 하면 좋은 파트너를 만날 수 있을까? 그 해답을 알려 드리겠습니다.

우연히, 재수 있게 좋은 파트너 만나기를 기대하지 마십시오. "내가 좋은 파트너가 되어 주겠다."는 마음으로 다가서십시오.

그러면 내 옆에 있는 사람은 분명 나의 좋은 파트너가 될 것입니다. 평생 재수 좋은 파트너, 참 좋은 파트너를 얻는 길이지요.

누구를 만나든 어떤 사람이든 개의치 않고 미소 지으며 내가 먼저 참 좋은 파트너가 되어 주는 것은 복 받는 일이며 훌륭한 리더십입니다.

내가 그런 사람이 될 때 살맛 나는 세상이 되고 콧노래와 휘파람이 저절로 터져 나올 것 같지 않습니까?

13
최선이란 무엇인가

✳
· · · ·

"최선을 다하겠다." 또는 "최선을 다했다."는 말뜻은 주관적 생각으로 결정되는 것인가. 아니면 객관적 시각으로 판단하는 것인가.

본인 스스로 최선을 다했다고 판단하는 것이 옳다고 하면 언제나 무슨 일이든 최선을 다했다고 말할 것입니다. 그런데 타인의 눈으로 보면 결코 최선이 아닐 수도 있는 일이 허다합니다.

반대로 객관적 시각으로 최선을 다한 것이냐 아니냐를 판단 한다면 실행 주체가 아닌데 그 판단이 옳을 수도 있고 그렇지 않을 수도 있으니 그것 또한 정답은 될 수 없습니다.

껍데기에 노예가 되지 마라

혹여 독자님들은 "말장난에 불과하다"고 할지 모르나 이 문제는 아주 중요하기 때문에 몇 가지 「예」를 들어 보겠습니다.

첫 번째 질문입니다.
– 독자님도 질문에 답을 해 봅시다. –
"1시간 동안 최선을 다해서 걸으면 몇 키로미터를 걸을 수 있겠습니까?"

교육 중에 이 질문을 해보면 대부분 3km, 4km, 5km, 6km, 7km, 8km, 10km 까지 답이 나왔습니다.
"그러면 어디가 최선입니까?"라고 다시 질문을 하면 모두 망설이다가,
"10km요."라고 하기도하고 조금 더 생각하다가,
"각자의 능력에 따라 다르지요."
"각자의 능력에 따라 다르다면 각자는 자신의 능력을 아십 니까?" 라고 다시 질문을 던지면 또 답을 못하고 망설입니다.

"여러분, 그러면 최선이 뭐죠?"라고 질문을 해 봅니다.
"자신이 가진 에너지를 다 쏟아 내는 것입니다." 또 어떤 사람은,
"젖 먹던 힘까지 힘을 다 쓰는 것입니다."

"더 이상은 도저히 할 수 없을 때까지 하는 것입니다."

"그러면 자신 속에 얼마만큼의 에너지가 있는지(?) 젖 먹던 힘이 얼마나 있는지 아십니까? 1시간에 최선을 다해 걸어 달라고 했을 때 3km, 4km를 걷는 사람이 과연 어떤 경우에도 더 걷지 못할까요?" 라고 질문하면 청중은 조용합니다.

1시간에 4km밖에 못 걷겠다는 여성에게,

"만약 애기가 위독합니다. 늦은 밤, 산골 동네에 차도 없어서 5km 거리의 읍내 야간병원까지 1시간 내에 애기를 엎고 가야 한다면 갈 수 있겠습니까?"라고 질문했더니,

"갈 수 있습니다."

"그렇지요. 갈 수 있고 말구요."

「최선」이란 생각에 따라서, 의지에 따라서, 상황에 따라서 늘었다 줄었다 합니다.

「최선」이란 뜻은 참 훌륭하고 좋은 말이지만 자기합리화하기에 좋은 추상적 단어이기 때문에 스스로도 믿을 수가 없습니다.

그래서 업무 효율을 높인다고 스스로 '최선을 다해야지'하는 생각은 좋으나 실제 효율은 그렇지 못하게 됩니다.

껍데기에 노예가 되지 마라

두 번째 질문입니다.

"여성이면 윗몸 일으키기, 남성 같으면 팔굽혀 펴기를 평소에 몇 개나 하십니까?"

대부분 여성은 3개~10개이고 남성은 10개~30개의 답이 많습니다.

"그럼 최선을 다해서 하면 더 많이 할 수 있나요?"라고 질문하면,

"두서너 개는 더 하겠지요."라는 대답이 많았습니다.

"그러면 5천만 원의 현금을 놓고 10개 더 하는 사람에게 주 겠다면 하시겠습니까?"라고 말했더니,

"20개씩 더 하라고 해도 할 수 있겠습니다."라고 대답했습니다.

그렇다면 어디가 최선일까…?

세 번째 질문입니다.

앞서 한 질문과는 조금 다르지만 강의장에서,

"여러분은 아침에 일찍 일어나시죠?"라고 질문을 하니,

"예~!"하고 모두가 대답했습니다. 그래서 한 사람씩 다시 질문을 해 보았습니다.

"그럼 몇 시에 일어나지요?" 그랬더니,

"6시요", "7시요", "5시요", "6시 30분요", "4시요" 등등이었는데 4시에 일어난다는 사람에게,

"4시에 일어나서 무엇을 하십니까?"하고 물었더니,

"새벽 기도하러 갑니다."

"저는 5시에 새벽 산책을 합니다." 등의 대답이었습니다.

"그렇다면 일찍 일어나는 사람은 누구입니까?"라고 질문해 보았습니다.

"4시에 일어나는 사람이죠."

"그럼 3시에 일어나는 사람이 있다면 그 사람이 제일 일찍 일어나는 사람입니까?"라는 질문에는 아무런 대답을 못하고 망설이며 혼란스러워 했습니다.

"모두 일찍 일어납니까?"라는 물음에 모두가 "예"라고 대답했는데 왜 대답은 각기 다른 것일까요?

그것은 「일찍」이라는 기준이 없고 그 기준을 각자의 생각대로 정해 버리기 때문입니다.

참 편리한 것 같지만 인생을 살아가는 데, 또 목표 관리를 하는 일에 이것은 작은 문제가 아니고 큰 문제임을 지적하고자 합니다.

「최선을 다하자!」「열심히 일하자!」는 말은 뜻이 참 좋지만 자칫 구호로 그치기가 쉽고 무엇을 어떻게 하는 것이 최선이며 열심인가의 정확한 답을 알지 못합니다.

그 해답은,

* 모든 일은 「시간의 구체적 계획 속에서 해야」 하고

껍데기에 노예가 되지 마라

* 모든 일의 진행은「수치화해서 진행하라」는 것입니다.

그렇게 하면 '일찍 일어나야지'가 아니고 '6시에 일어난다.'로 되는 것이고 그런 습관을 길러야 차질 없는 계획적 삶을 할 수 있습니다.

'최선을 다해야지'가 아니라 '1시간 동안 8km를 걸어야 한다.'로 생각이나 말의 습관을 길러야 하고 그럴 때 목표 달성에 차질이 없을 것입니다.

그렇게 자기 습관을 길러 행동할 때 핑계나 합리화해 버리는 습성을 버릴 수 있게 되며,

그렇지 않으면「최선」「열심」같은 좋은 생각과 말이 가짜 짝퉁이 될 위험이 있고 각자가 가진 잠재된 엄청난 에너지가 제대로 활용이 될 수 없을 것입니다.

구체적인 시간 계획과 모든 일의 진행에는 수치화되어야 효율과 능률이 따름을 잊지 말고 실천해 주기를 낭부합니다.

수치화되지 않은 말은 책임감이 없거나 약해지고 자기 스스로에 대한 책임감도, 타인에 대한 책임감도 미약해짐을 알아야 할 것입니다.

당신의 목표 달성과 성공은「수치화의 생활화」에 있지「최선을 다하자」또는「열심히 해 보자」라는 말 속에 있지 않음을 명심해 주십

시오.

추상적 단어는 가능한 피하고 「수치화된 말의 습관」, 「수치화된 생각의 습관」, 「수치화된 글쓰기의 습관」, 「수치화된 행동의 습관」화를 강조 드립니다.

14
열등감의 노예

✳
● ● ●

열등감(劣等感)은 열등의식과 같은 의미입니다. 다른 사람에 비하여 자신이 뒤떨어졌다거나 자기에게는 능력이 없다고 생각하는 만성적인 감정 또는 그런 의식을 말합니다.

열등감에 빠진 사람은 자기 자신을 무능하고 무가치한 존재로 여깁니다. 또한, 무의식 속에서 자기를 부정하기도 하며 그러한 행동을 보이고 항상 경쟁에서 자기는 실패할 거라는 생각에 사로잡혀 있기도 합니다.

합리적이거나 이성적이지 못하고 불안 심리를 동반한 이상 행동을 하는 경우도 있습니다.

〈원인〉

다른 사람에 비하여 뒤떨어져 있다고 생각하는 것으로는 다음과 같은 것이 있습니다.

① 신체적인 것

기형이나 병에 의한 장애, 즉 절름발이, 대머리, 언청이(토순), 안면 상처나 말더듬이 등입니다.

② 정신적인 것

학교 성적이 나쁘다. 운동을 못한다. 미인이 아니다 등이며

③ 사회적인 것

학력, 인종이나 신분에 의한 차별, 언어, 빈곤 등이 있습니다.

그러나 별다른 원인 없이 열등감이 주기적으로 나타나는 경우는 우울증인 경우가 많습니다.

〈증세〉

열등감을 가진 사람은 자기의 단점(약점)이 폭로될 상황에 직면하면 불안과 공포를 느낍니다.

따라서 그러한 상황에 직면하는 것을 회피합니다. 예컨대, 얼굴에 붉은 점이 있는 사람은 차 속에서 고개를 숙이고 앉거나 다른 사람의 눈에 띄지 않는 구석에 서게 됩니다.

껍데기에 노예가 되지 마라

학력에서 열등감을 가진 사람은 학교 이야기가 나오면 피하게 되고 또 다른 사람이 자기 이야기를 하지 않는가 하고 항상 걱정을 합니다.

성격은 소극적이고 주저주저하며 겸손하고 고독을 사랑하며 내성적이지만 반대로 매우 공격적이 되는 사람도 있습니다. 열등감을 가지고 있는 사람은 의식적·무의식적으로 그 보상을 하려고 하기 때문에 돌출 행위를 하게 됩니다.

학력에 대하여 열등감을 가진 사람이 부자가 되어 여봐란듯이 행동하는 경우나 학교 성적이 나빠 교사로부터 무시당하는 학생이 범죄 행위를 하여 주위의 표적이 되려고 하는 것은 그 보기입니다.

보상의 결과, 정상(正常)을 넘어서는 결과가 생겼을 때에는 과보상(過補償)이라고 하며 즉, 말더듬이였던 「데모스테네스」가 그리스 제일의 변론가가 된 경우 등이 있습니다.

「데모스테네스」는 고대 그리스의 정치가이자 웅변가이다. 7세에 아버지가 죽자, 백부 아포보스는 그의 전 재산을 가로챘다. 돈과 명예를 되찾으려면 소송을 해야 했고, 당시에는 고소 당사자가 변론과 연설을 스스로 해야만 했다. 하지만 그는 폐가 약하고 호흡이 짧아 한 번 시작한 말을 끝까지 잇지 못했다.

약한 몸, 작고 힘없는 목소리, 어눌한 말투와 심한 말더듬은 최악
이었다. 이후 「데모스테네스」는 긴 머리카락을 손수 싹둑 자르고,
마치 수행승처럼 지하실에 은둔하여 법률과 수사학을 독학하고
웅변술을 공부했다. 부정확한 발음과 말더듬을 극복하기 위해 입
속에 작은 돌을 문 채 연설을 훈련했다. 폐를 튼튼히 하고 호흡을
키우기 위해 가파른 언덕을 뛰어오르며 숨이 찰 때 큰 소리로 시
를 암송했다.

밤낮을 가리지 않고 수년간 노력하여 마침내 그는 자신의 한계를
넘어섰다. 이어 백부 아포보스와의 소송에서 이기고 이름을 알
리기 시작했다. 또한, 당시의 신흥 강국 마케도니아에 맞서 조
국의 분기를 호소했던 그의 명연설은 서양 역사에 길이 기억되고
있다. 마케도니아의 왕 필리포스 2세는 "데모스테네스의 세 치
혀가 수십만 군사보다 무섭다"고 했다. 그 후에도 많은 연설을
했고, 그는 고대 그리스를 넘어 오늘날까지 세계 최고의 웅변가
로 꼽힌다.

– 대백과 참조 –

「데모스테네스」도 자신의 약점 때문에 열등감에 빠져 '자신은 할
수 없다'며 포기한 적이 있었습니다. 그러나 어느 노인의 격려로 용
기를 얻어 훈련을 결심하고 열등감이란 노예의 굴레를 벗어낼 수 있
었던 것입니다.

악착같은 노력으로 기적의 결과를 얻어낼 수 있으며 또 하나, 「격

려」라는 동기부여는 인생의 여정에서 참 중요합니다.

　독자님도 누구엔가 동기부여가 되어 주는 역할자가 되기를 기대합니다.

15

비교의식의 독과 약

✳
. . .

어느 교회 목사님이 교회에 나오는 대학생들을 대상으로 질문과
상담을 했습니다. 지방 대학에 다니는 학생에게

"대학에 다니니까 행복하지?"라고 질문하자

"대학에 다니면 뭘 해요. 지방 대학인데요."

그래서 목사님은 서울에서 대학을 다니는 학생에게

"서울에 있는 대학에 다니니까 행복하지?"라고 물었습니다.

"서울에서 대학 다니면 뭘 해요. 서울대도 아닌데…"

목사님은 그래서 서울대학에 다니는 학생에게

"서울대에 다니니까 행복하지?"라고 했더니

껍데기에 노예가 되지 마라

"서울대면 뭘 해요. 좋은 과도 아닌데…"

그래서 목사님은 또 다른 서울대학생 중 모두가 선호하는 과에 다니는 학생에게 물었습니다.

"자네는 참 행복하겠다."했더니

"좋은 과면 뭘 해요. 수석도 못하는데….."라고 불만의 표정을 지었다는 것입니다.

남과 비교하면 만족은 없습니다. 남과의 비교 속에서 자기 발전이 있는 것도 사실이긴 합니다만, 그것은 선의의 경쟁심 유발로 좋은 약이 될 수도 있으나 남과 자신을 비교하여 낙심하거나 자존심이 상한다거나 또는 불만을 가지게 될 경우 그것은 자기비하(自己卑下)로 자신을 무능자로 몰아 스스로 의욕을 부러뜨리는 행위이며 독이 됩니다.

비교의식(比較意識)을 어떻게 활용하느냐에 따라 독이 될 수도, 약이 될 수도 있음을 잘 가려야 할 것입니다.

비교의식을 잘못 활용하면 마치 사탄이 우리의 영혼을 짓밟는 무서운 무기가 될 수 있음을 알아야 할 것입니다.

한국의 조수미는 세계적인 소프라노이며 김연아는 세계적인 피겨 스케이팅 선수이고 박지성은 세계적인 축구 선수이며 손연재는 세계적인 리듬 체조 선수이며 류현진은 세계적인 야구(투수) 선수입니다.

그들은 누군가와 비교하지 않으며 지금 하고 있는 것을 더 잘하기 위하여 계속 땀 흘리며 노력할 뿐입니다.

16
누구나 열등의식을 가지고 산다

✳
● ● ●

세상사람 중에 어떤 이는 90%, 어떤 책에는 95%의 사람들이 열
등의식을 가지고 있다고 합니다. 그러나 필자는 99%의 사람들이
열등의식을 가지고 산다고 말해 두고자 합니다.

성공한 대기업 회장도, 세계적인 재벌도, 대통령직에 있는 사람
도, 노벨상을 받은 사람도, 세계적인 톱 배우도, 미스 월드도, 영웅
이라고 호칭했던 사람들도, 나름대로 열등의식을 가지고 있습니다.
세상 각 분야에서 성공을 거둔 성공자들도 자신이 가지고 있는 단
점, 약점, 부족한 점을 극복하기 위해 피나는 노력으로 일어선 사람

들입니다.

SBS방송국에 토요일 저녁 〈스타킹〉이란 프로가 있습니다. 출연자 대부분이 불우한 환경조건을 극복하고 신비로움을 만들어내어 시청자의 가슴을 뭉클하게 만들고 눈물 나게 하는 큰 감동을 엮어주고 있습니다.

신체적 불구인데도 어쩌면 저렇게 잘 할 수가 있을까? 나이도 어린데, 시각 장애아인데, 가정 형편도 어려운데 – 등등.

그들은 열등감을 '나는 할 수 있다'는 신념으로 어려운 환경, 부족한 신체적 조건을 오히려 성공의 디딤돌로 이용했으며 쓰라린 고통을 이기고 일어선 자들입니다.

많은 사람들이 남과 자신을 비교하며 유행하는 옷을 남들이 입으면 자기도 입어야 하고, 옆집이나 동창이 고급차를 타면 자기도 고급 승용차를 사야 하고, 남들이 해외여행을 하면 자기도 해야 한다는 생각으로 살아가는 「비교열등의식」속에서 벗어나지 못하는 사람들이 의외로 많습니다.

창조주는 각자에게 각기 다른 재능이지만 모두에게 재능을 골고루 주셨습니다. 주어진 재능을 각자가 자기 영역에서 열심히 가꾸며 살아갈 때 행복하며 조화를 이루게 될 것입니다.

'남이 하니까 나도 해야지'의 비교열등의식의 삶은 불행한 인생을 만들게 될 것입니다.

중요한 것은 '나는 그것이 부족하다.'라고 생각하면서 열등의식 속에서 주눅 들고 기죽어 사는 사람이 있는 반면에,
부족한 부분을 채우고 뛰어넘기 위해 온갖 어려움을 극복하고 오히려 디딤돌로 이용하여 놀라운 성공을 이룬 사람이 많다는 사실을 알아야 합니다.

자신의 부족함을 질투로 바꾸는 자는 불행한 사람이고 부족함을 분발의 동기로 바꾸는 자는 행복한 사람입니다.
'질투의 임상학'을 저술한 「화이트」박사는 이혼 부부의 30%가 질투 때문에 갈라섰다고 했습니다.
미국 예일대 심리학 교수 「살로비」박사는 범죄의 20%가 질투 때문이며 모든 질투의 90%가 열등의식에서 출발한다는 사실에 우리는 주목해야 할 것입니다.

열등의식(劣等意識)을 熱等意識(열등의식)으로 바꾸고,
열등의식(劣等意識)을 越等意識(월등의식)으로 스스로 자신감을 갖고 바꿔 주십시오.
못한다는 의식에서 열정적으로 잘할 수 있다는 의식으로 바꾸고

부족하다는 의식에서 나는 월등하다는 의식으로 일어나십시오. 맘
먹기에 달려 있습니다. 맘먹기에…!!

17

플라세보효과:plecebo effect

유효성 없는 심리 효과용 약을 말합니다. 실제로는 실효성이 없
는 약이지만 담당 의사가 환자에게,

"이 약을 드시면 좋아질 것입니다."라고 말하면 70% 이상 효과가
있다는 것이고,

반대로 진짜 처방약을 의사가 주었어도 환자가,

"이 약 먹는다고 효과가 있겠나."라며 의심하면 효과는 40% 이하
로 떨어진다는 것입니다.

1989년 일본 후생성에서 조사한 보고서에 의하면 1939년생 120만

명의 생일을 조사한 결과, 5월 2일 생일 자가 가장 많았고 1월 1일 출생자는 5월 2일 출생자의 절반밖에 되지 않았답니다.

후일 성공한 기업체의 사장을 조사해 봤더니 5월 2일 생일 자보다 1월 1일자 생일인 사람이 2배나 성공자의 수가 많았다는 조사 보고서입니다.

그 이유는 무엇일까?

1월 1일 태어난 사람은 어릴 적부터,

"1월 1일 새해 첫날 태어났으니 분명 행운이 있을 거야."

"좋은 날 태어났으니 꼭 성공할 거야."

"새해 첫날 태어난 것은 큰 축복이고 큰사람이 될 거야." 등

타인으로부터 긍정과 찬사의 암시를 받으면서 성장했기 때문이라는 조사 결과였습니다.

앞서 말한 플래시보 현상이나 일본 후생성의 연구 조사나 모두가 「타인의 암시」에 따라서 자신의 반응에 엄청난 영향을 주고 있음을 볼 수 있습니다.

껍데기에 노예가 되지 마라

18
생각과 암시의 노예

어느 대학에 소아마비로 생활에 불편을 겪는 학생이 있었는데 성적도 우수할 뿐만 아니라 언제 보아도 쾌활하고 얼굴엔 미소가 가득했으며 무엇을 하든 자신감에 차있었습니다.

동료 학생이 궁금하여,

"몸도 불편할 텐데 어쩌면 그렇게 명랑하고 자신감 있게 사는지 그 비결이 뭐야?" 그러자 소아마비 친구는,

"으응~, 소아마비가 내 마음까지 파고든 것은 아니기 때문이지." 라고 대답했답니다.

자신의 한 가지 문제점 때문에 자신의 전체가 열등감의 노예가 돼 버린다면 정말 억울한 일입니다.

　생각이 자기 스스로를 노예로 만들기도 하고 생각이 자신을 자신감 있는 삶으로 만들어 주기도 합니다.

암시1 : 暗示 suggestion

심리학 용어.

암시는 최면 상태에서 행해질 때도 있고, 각성(覺醒) 상태에서 행해질 때도 있다. 피암시자(被暗示者)는 암시자의 언사나 행위를 무비판적으로 받아들이며 그것이 타인으로부터 전해진 것이라는 생각을 하지 않고, 마치 자기 자신이 생각해낸 것 같이 믿고 거의 자동적 일방적으로 어떤 태도를 취하거나 판단을 내린다.

암시는 특정 개인이 행할 때도 있지만 어떤 집단이 암시를 주는 경우도 있다. 또한, 자기 자신이 암시자가 되어 자기 자신이 주는 자극에 반응하여 암시를 받는 경우도 있다.

이것을 '자기암시'라고 한다. 어떤 사소한 신체적 징후(徵候)를 발견하고는 마치 중병에라도 걸린 것 같이 생각하고 자리에 누워 버리는 것은 자기암시의 한 예이다.

－ 두산백과 참조 －

껍데기에 노예가 되지 마라

암시2 : 暗示 suggestion

뒤에 일어날 사건에 대한 예측. 암시라는 것은 단서를 통해 뒤에 일어날 사건에 대해 예측하는 것을 말한다.

'까마귀'가 울면 불길한 사건이 일어날 것 같다는 느낌이나, '까치'가 울면 반가운 손님이 찾아온다는 것. 또는 하늘에 낀 검은 먹장구름이 주인공의 죽음을 내다보게 한다거나, 꿈속에서 영험한 신의 부름을 받아 어떤 일을 하게 될 것이라는 예측 등이 모두 암시에 해당된다.

암시는 무계획적으로 일어난다기보다는 위의 설명처럼 앞선 단서를 통해 필연적 사건으로 만드는 인과율을 제공함으로써 이야기를 만들어 간다.

- 국어용어사전 참조 -

암시요법은 자신의 운명을 바꿀 수 있는 무형의 심리적 현상이라고 필자는 정의하고자 합니다.

암시는 '자기암시'와 '타인암시'가 있습니다. 이 두 개의 암시는 늘 생활 속에서 교차되면서 자신은 이끌려 갑니다.

앞장에서 말한 플래시보 현상은 분명 타인의 암시였지만 의사가 한 말을 자신이 받아들여 자기 스스로 암시화하여 나타나게 된 현상입니다.

보통 사람인 친구가,

"자네는 한 달 후에 죽을병이 걸릴 수 있으니 조심하게"라고하면 별 대수롭지 않게 받아들이고 곧 그 말을 잊어버리겠지만 소문난 역학하는 사람이나 점쟁이가 그 말을 했다면 어떻게 될까?

그 말을 듣는 순간부터 걱정과 고민을 하게 될 것이다. 그날 저녁 밥맛도 없고, 점점 식욕이 떨어지고, 잠도 못 이루며 의욕이 없어지며 머리가 아프고, 대소변도 시원하게 못하고, 속이 쓰려오는 등…,

타인의 말이 자기암시화되어 진짜로 죽을병에 걸릴 수도 있는 것이고 결국은 타인암시가 자기암시로 직결되는 현상입니다.

그러나 타인이 어떤 말이나 행위를 통하여 암시를 주었어도 자신이 받아들이지 않으면 아무런 문제가 없게 됩니다.

한마디로 자기 컨트롤을 할 수 있는 사람이라면 아무런 문제가 일어나지 않을 것입니다.

그래서 평상심을 갖기 위해 수련하고 참선하고 기도하는 것 아니겠습니까?

껍데기에 노예가 되지 마라

19
열등을 이긴 위대한 승리자

성공한 사람 중에는 가난의 고통, 주변 환경의 고통, 실패와 패배로 인한 고통, 사고로 인한 육신의 고통 등이 있겠으나 태어나면서부터 불구자로 태어난 사람의 처절한 고통이 가장 큰 고통이 아닌가 싶습니다.

그러나 너무나 가슴 아프고 눈물겨운, 선천적 고통을 극복하고 인간 승리자로 우뚝 서서 만인에게 감동을 던져 준 사람들이 하나 둘이겠습니까.

그 위대한 승리자 중의 한 여성을 소개하고자 합니다.

1968년 9월 28일 스웨덴 출생「레나 마리아」

그녀는 태어나면서 심한 불구였습니다. 두 팔이 없고, 왼쪽 다리는 절반밖에 안 되며 가늘고 짧은 중증 장애아였답니다.

병원에서는 보호시설에 맡겨야 한다는 권유가 있었으나「레나 마리아」의 부모는,

"이 아이도 하나님이 주신 아이입니다. 이 아이에게는 가족이 필요합니다."라고 말하며 정상인과 똑같이 신앙심과 사랑으로 밝게 키웠습니다. 그녀의 어머니는,

"할 수 있는 능력을 스스로 무시하고 게으르게 하면 그것만큼 큰 장애는 없다."라고 항상 말해 주었습니다.

3살부터 수영을 배우고, 18살에 세계 장애인 수영 대회에서 금메달 2개와 동메달 1개를 따기도 했습니다.

'목표를 향해'라는 스웨덴 국영방송의 다큐멘터리가 방영된 후 그녀는 스웨덴 사람들에게 장애인에 대한 인식을 바꾸어 놓았으며 스타가 되었던 것입니다.

방송에서「레나 마리아」는 단 하나의 발로 글씨도 쓰고 요리도 하고 피아노도 치고 십자수도 놓고 운전도 하고 컴퓨터를 자유롭게 사용하는 모습을 보여 주며 시청자들에게 감동을 주었습니다.

그 후로도 그녀는 멈추지 않고 도전과 도전을 계속해 갔습니다.

스웨덴 국왕의 장학금을 받아 미국에서 음악 공부를 했고 그 후 일본, 한국 공연을 시작으로 세계 곳곳에서 활발한 공연 활동을 하고 있습니다.

그녀가 쓴 자서전 〈발로 쓴 내 인생의 악보〉를 통해 사람들에게 희망과 용기를 주었습니다.

가장 감명 깊은 그녀의 글 중 몇 가지를 정리해 봅니다.

"자신이 무언가를 혼자서 할 수 없으면 그 사람은 장애인이지만 혼자서 할 수 있다면 그때는 더 이상 장애인이 아닙니다."

"여러분이 간절히 원하고 노력한다면 무엇이든 이룰 수 있습니다."

"멀쩡한 육체를 가지고도 꿈을 위해 도전할 줄 모르는 것이 바로 장애입니다."

"어떠한 어려움이 있더라도 한계를 극복하기 위해 도전하는 순간 당신은 이미 승리자입니다."

"나는 두 팔이 없습니다. 대신 하나님은 아름다운 목소리를 주셨습니다. 때때로 우리는 부족하게 살기도 하고 아무것도 없이 살 때가 있습니다.

그러나 돈이 없는 것, 배움이 부족하다는 것은 중요하지 않습니다. 우리 모두는 동등한 가치와 의미를 가지고 있으며 그래서 우리는 모두가 소중한 존재라고 생각합니다."

"당신은 무엇을 할 수 있습니까?"
우리들을 부끄럽게 만든 그녀의 질문입니다.

우리는 육신의 껍데기에 위대한 정신력을 노예로 만들며 나약하고 초라하게 살고 있는 것이 아닌지 묻습니다. 그 껍질을 벗어야 보입니다.

20
초등학교도 못가본어머니

✳
• • •

벽촌 산중턱에 살면서 남편은 일찍 세상을 떠나고 아무것도 가진
것 없이 오직 몸 하나로 먹고사는 일을 해결해야 했고 자식들을 책
임져야 했습니다.

그분은 초등 교육노 받시 못해 한글노 보르는 나의 어머니입니다.

누구도 의지할 곳이 없고 농사지을 땅 한 뼘도 없었으며 더욱이
그 시절(1950년-1960대) 우리나라에는 배급도 복지도 전혀 없는 가난
한 세계 최빈국이었습니다.

그런데 어머니는 외소한 몸으로 어딘가로 가서 날품도 팔고 나물

을 뜯어다 팔고 도토리묵 만들어 팔고 떡 만들어 팔고 삯바느질도 밤새워서 하시고 애경사집에서 남보다 곱절 일하시고 먹을 것을 보자기에 싸 오시어 자식들의 배를 채워 주셨습니다.

어릴 적 생각해 봐도 어머니는 보통 사람이 아닌 철인(鐵人)이었고 마치 "불가능은 없다"고 말한 나폴레옹 같았습니다.

자식 넷을 뒤치다꺼리 하는 일이 좀 많았겠습니까. 호롱불 아래서 철없는 아이 재워 놓고 밤새워 옷이며 양말이며 찢어진 고무신 꿰매 놓으시고 낮에는 돈 벌로 나가시기 때문에 오밤중에 얼음을 깨고 빨래하셨던 어머니는 그냥 사람이 아니었습니다.

산 아랫머리를 일구시어 밭을 만들고 비 오는 날에는 비닐 쪼가리를 몸에 감고 각종 야채며 참외, 수박 농사도 짓고 밭 가장자리에는 콩이며 호박이며 조그마한 삐딱 밭에 만물상처럼 먹을 것이 꽉 차 있었고 어머니는 오줌 똥거름을 부지런히 주셨습니다.

자식들이 성장하여 학교를 갈 즈음에는 옷이며 신발이며 공책 등을 마련하려면 단순한 품팔이로는 부족하셨기에 씨앗 행상을 시작하셨지요. 요즘 용어로 세일즈 우먼으로 나선 것입니다.

밤마다 씨앗 봉지를 만들고 배추씨, 무씨, 고추씨, 참외, 수박씨 등을 봉지에 담아 가가호호 다니며 세일즈를 하셨고 하루에 수 십리를 걸으며 강행군을 했습니다.

오밤중, 산 중턱에 있는 집에 오시면 가뭄에 논바닥 갈라지듯 발바닥 뒤꿈치 쪽이 심하게 갈라져 촛농으로 벌어진 틈새를 때워 드리고 헝겊 쪼가리에 보리밥 알로 풀칠하여 붙여 주기를 매일 밤 반복하였습니다.

그런 발로 쉼 없이 강행하셨던 어머니는 그냥 사람이 아니었습니다.

씨앗 대금은 현금 거래가 거의 없고 보리 때 보리로, 나락 때 나락이나 쌀로 씨앗 값을 받으면 곡물들을 서 말, 너 말, 어떤 때는 다섯 말도 머리에 이시고 산길로 집까지 오셨습니다.

그것을 현금화하려면 또 십 리 길 장터로 머리에 이고 팔아야 했지요. 그래서 어머니는 등이 굽었고 머리 위는 납작하게 되었습니다.

그렇게 20년을 하셨는데 논밭도 장만하고 집도 장만하고 자식들은 무병하게 장성하였고 어머니도 외소 하셨지만 건강하셨답니다.

자식이 좀 게으름 피면,

"이놈아! 죽으면 썩을 몸뚱아리 아꼈다 뭐에 쓸려구!"하시며 고함을 치시는 일이 많았고 그때마다 정신이 바짝 들곤 하였습니다.

아무리 생각해 봐도 어머니는 그냥 어머니가 아니었습니다.

'육신을 부지런하게 움직이고 생산적인 일에 몰입할 때 정신도 건강하고 잡된 생각이 들지 않는다.'는 것이 어머니의 삶의 철학이고, 성공 철학이었습니다.

사람들은 "정신이 건강해야 몸도 건강하다"고 말하지만 어머니는 그 반대셨습니다.

세월이 지나고 삶의 체험과 공부를 해 보니 어머니의 철학이 백번 옳음을 이해했으며 필자가 교육장에서 가장 중심으로 교육하는,

"지식에 힘쓰지 말고 행동력에 힘쓰라"는 것이 곧 어머니의 가르침이었음을 알았습니다.

육신을 쉬게 하지 말고 생산적인 일에 부지런 떠십시오. 운명과 팔자가 바뀌고, 자손까지도 광명이 비추어질 것입니다.

어머니 한 분의 초인적 노력으로 자식들이 학교에도 갔고 그 아들 딸들이 또 결혼하여 낳은 그 자식들이 큰 성공을 이루었습니다.

만일 내 어머니가 자신감도 없고 게으름을 피셨다면 이런 광영이 있었겠습니까. 한 분의 초인적 노력이 주는 대가는 후손 대대로 이어질 것입니다.

21
의인과 죄인의 집

*·**·*
· · ·

어느 동네에 두 집이 담 하나를 사이에 두고 살았는데 한집은 사회적 지위도 있고 부자 집이었습니다.

또 한집은 가난하고 사회적 지위도 없으며 부부가 조그마한 직장에서 열심히 일하며 노부모를 모시고 사는 집이었답니다.

부자 집은 늘 소리 지르고 싸우는 소리가 담장 너머로 들려왔습니다. 그런데 가난한 집은 늘 웃으며 평화롭고 즐거운 집이었습니다.

어느 날 부자집 아주머니가 이웃인 가난한 집 할머니에게 궁금해서 물어보았습니다.

"할머니 댁은 살림도 넉넉지 않은 것 같은데 항상 웃음소리가 나는 것이 궁금해요?" 그러자 할머니는,

"우리 집은 모두가 죄인끼리 모여 삽니다."

"죄인끼리 산다니요?"

"으응, 우리는 무슨 일이든 잘못되면 '그건 내 잘못이요. 그 문제도 내가 잘못한 거요.' 이렇게 말하며 사니까 모두가 죄인이지."하는 것입니다.

"아~아, 그러시군요."

"우리 집은 죄인끼리 살고 부자 집 아줌마 가족은 의인끼리 사는 것 같습니다."

"의인끼리란 무슨 뜻이지요.?"

"전부 자기가 잘했고 잘못된 것은 너 때문이고 전부가 잘나고 잘했다는 사람끼리 사는 집이 의인만 사는 집이지요."라고 할머니가 말했답니다.

나와 우리 가정은 어떤 모습의 가정일까? 죄인? 의인?

껍데기에 노예가 되지 마라

22
지식과 행동력의 차이

'지식이 껍데기'라면 '행동력은 알맹이며 중심이다'라고 강조 드리고자 합니다.

어떤 후배는 성경 구절을 목사님보다 암송을 더 잘하고 성경 지식도 대단합니다. 또 어떤 지인은 독서를 많이 하여 지식의 폭이 넓고 대화에 막힘이 없습니다.

그런데 분명한 것은 그러한 사람들이라도 초등학교도 못 가 본 내 어머니보다 지혜도 모자라고 인간관계도 좋지 않고 이웃 사랑 실천도 어머니보다 턱없이 부족하며 그리고 생산적인 일에는 더욱 부족함을 또렷이 보고 있습니다.

후일, 자식들이 어머니에게 한글을 가르쳐 주어서 한글을 터득하신 후 어머니는 불경 암송을 하셨고 많은 사람들에게 부처님의 가르침을 전파하시기도 하셨습니다.

어머니 한 분이 만약 게으름을 피셨다면 자식들과 또 그 아들, 손주들은 어찌되었을까?

생각할수록 감사하고 눈물이 납니다.

지금은 이 세상에 안계시지만 어머니의 행동력은 내 가슴에 살아움직입니다.

어머니의 지독스런 부지런 때문에 자식들이 공부할 수 있었고 또 그 손주들이 모두 성공하였습니다.

오직 몸으로 일만 해 오신 어머니는 영양가 있는 음식 한번 잡수지도 못하고, 보약 한번 못 드시고 손에 화장품 한번 바르지도 못하고 88세에 세상을 떠나셨습니다. 하지만 그만큼 건강하게 사셨던 것이 아마도 분명한 목표를 가지시고 일에 몰입했기 때문이라고 믿고 있습니다.

만약 어머니가 공부를 많이 하신분이고 선비 스타일이셨다면 그런 힘든 상황을 뚫고 성공하실 수 있으셨을까(?)도 생각해보곤 한답니다.

껍데기에 노예가 되지 마라

삶에 중요한 것은 무엇인가?

성공의 열쇠는 어디에 있는 것인가?

무엇이 껍데기며 껍데기에 덧씌워져 보이지 않는 것은 무엇인가?

독자님과 함께 생각해 보고 싶습니다.

나 한사람의 부지런한 행동력이 내 후손과 내 주위 사람들에게 복을 내려 줄 수 있음을 어머니에게서 보고 배웠습니다.

나의 어머니는 분명 성공하신 분입니다.

어머니께서 뿌리신 아들 손주들이 박사, 의사, 교수, 국제 변호사, 작가, 국제 골프 코치, 대기업 임원, 시인 등 성공 열매가 어머니의 헌신적 사랑으로 주렁주렁합니다.

그것은 「지식의 열매」가 아니라 「행동력의 열매」입니다.

23
석공과 선비

✳
. . .

어느 날 선비가 길을 가다가 석공이 큰 돌에 글씨 새기는 것을 보게 되었습니다. 선비는 걸음을 멈추고 한참을 바라보다가,

"어쩌면 그렇게 딱딱한 돌에 글씨를 부드럽게 새길 수가 있습니까?"라고 석공에게 물었습니다. 그러자 석공은 뒤를 힐끔 보고는 아무런 말없이 하던 일을 계속했습니다.

선비는 또 한참을 바라보다가,

"저~, 어떻게 부드럽게 새길 수 있는지 비법 좀 알려 줄 수 있겠습니까?" 그러자 석공은,

껍데기에 노예가 되지 마라

"선비님께 저 같은 무지렁이가 무엇을 알려 드릴 수 있겠습니까?"
하고는 계속 글씨를 새겼습니다.

한동안 말이 없다가 선비가 또 말을 걸었습니다.

"나는 평생 책을 보며 지식을 쌓았는데 그 좋은 지식을 사람들에게 알려 주고 싶어 말을 해 보려 하지만 도무지 내 말을 들으려 하는 사람이 없습니다. 딱딱한 돌에 부드럽게 글씨를 새기는 것을 보니 무슨 비법이 있는 듯 보이는데 그걸 좀 알려 주십시오."

그러자 석공은 일손을 멈추고 선비를 바라보며,
"선비님, 특별한 비법은 없습니다. 다만 자세를 가다듬고 먼저 돌 앞에 무릎을 꿇습니다. 그리고 몰입하여 천천히 새겨 나가면 됩니다."라고 말했습니다.

"먼저 무릎을 꿇어라…." 선비는 혼잣말로 중얼거렸습니다.
선비는 그 말을 계속 되씹으며,
"참으로 오늘 귀한 비법을 배웠습니다"하고는 자리를 떠났습니다.
선비는 걸으면서 '내가 평생 지식을 얻으려 힘썼지만 석공의 지혜만 못하구나.' 생각하며 크게 깨우쳤습니다. 지식의 교만을 버리고 먼저 무릎을 꿇으면 통한다는 진리를 몰랐던 거지요.
지식 자랑은 가장 우매한 것입니다. 묵묵히 실천하고 그 속에서 지혜를 캐내는 것이야말로 귀한 보배입니다. 그래서 초등학교도 안 가 보신 내 어머니의 지혜가 참 보배인 것을 늦게야 깨달았습니다.

24
삶의 지도

✳
• • •

필자가 초등학교 5학년 때 담임 선생님께서,

"웅변 한번 해 보지 않겠니? 넌 잘할 거야. 준비해 봐라."하시는 말씀에 시작한 것이 내 인생을 바꿔 놓았습니다.

잘하지는 못했지만 각종 대회에 참여했고 자신감이 생겼습니다.

초등학교 졸업식에 독창으로 '성불사의 밤'을 불렀던 기억이 생생합니다. 중학교에 입학했을 때 역사 선생님께서 무척 반기시며,

"넌 웅변을 잘하니까 우리 학교에서도 잘 해줘야 한다."시며 칭찬과 용기를 주셨습니다.

중학교 2학년 때 3학년 선배들의 졸업식에서 재학생 대표로 '송사'를 읽었던 기억도 생생합니다.

고등학교, 대학생이 되어서도 군 생활을 할 때도 웅변은 계속 해 왔습니다.

그리고 사회에 나와서 세일즈맨으로 뛸 때도, 야간 학교에서 교사직을 할 때도 농촌 운동, 청소년 운동, 독서 운동을 하면서도 스피치 능력이 있어야 되는 일이기에 절대적인 영향을 주었습니다.

새마을운동본부 교수로 발탁되어 강의를 할 때도, 그 이후 사회교육자로 일하면서도 초등학교 시절에 시작했던 스피치가 엄청난 도움이 되었으며 그 당시 담임 선생님이 그렇게 고맙고 감사할 수가 없습니다. 지금 미국 시카고에 살고 계신 박천효 선생님이 그분입니다.

내 삶의 지도를 결정적으로 확실하게 그리게 해 주신 분은 안병욱 철학 교수님입니다.

선생님의 강연과 저서가 너무도 좋아서 자주 선생님을 찾아다녔고 때로는 성가시게도 해 드렸습니다.

강연장에서 감동한 청중들이 선생님께서 쓰신 책을 한 권씩 사 가면서 사인을 받으려고 길게 줄을 서서 기다리는 모습이 너무도 좋아 보여서,

껍데기에 노예가 되지 마라

"그래, 이렇게 살 수만 있다면 최고의 삶이다. 나도 할 거야"라며 마음속으로 다짐을 했습니다. 그때가 내 나이 27살이었죠.

25
안병욱 선생님

✳
· · ·

1981년으로 기억합니다. 고향 금산에서 농촌 운동을 미친 듯이 할 때입니다. 농촌의 젊은이(4-H)와 농촌 지도자 행사에 안병욱 선생님을 모셔서 강의를 듣게 하고픈 마음으로 선생님 사무실을 찾아갔습니다.

"선생님, 5월 7일에 농촌 지도자 모임이 있는데 그날은 오셔서 귀한 말씀을 꼭 들려주십시오."

선생님은 벽에 걸린 달력을 보라며,

"자네가 보다시피 그날은 기업체 강의가 선약되어 있어 안 되네."

하시는 것입니다.

"선생님, 무지한 농민들은 선생님 강연을 평생 한 번도 듣지 못합니다. 선생님 강의 일정에 따라 농민들 행사를 할 수도 없습니다. 또한, 강사료도 드리지 못합니다. 기업체 선약은 십여 일 남았으니 양해를 구하시고 다른 강사로 대치하면 될 것입니다. 선생님 부탁드립니다."

"이 사람아, 뜻은 알겠는데 약속해 놓은 것을 어길 수는 없네."

"선생님, 외람되지만 참교육은 선생님 말씀을 듣고자 목말라하는 사람들에게 먼저 해 주셔야 하고 가난하고 연약한 사람들에게 삶의 가치와 희망을 주어야 한다고 생각합니다. 부자 기업체는 농민들보다 애타고 목말라하는 쪽이 아니지 않습니까. 선생님 꼭 해 주셔야 합니다."

"허~참, 이 사람아, 사전에 한마디 상의도 없이 떼만 쓰면 어떻게 하나." 선생님 음성이 조금 높아지셨음을 알 수 있었습니다.

"정말 죄송합니다. 순서가 틀린 것은 용서해 주십시오. 저희들 행사에 선생님을 모시기로 이미 통지를 다 해 놓은 상태구요. 선생님 안 오시면 우리 농민들은 평생 한이 될 것입니다."

"그래도 안 되는 것은 안 되니 그만 가 보게."

"선생님, 그럼 더 큰 잘못을 하겠습니다. 허락해 주실 때까지 저여기서 한 발자국도 움직이지 않겠습니다. 선생님 죄송합니다."

한동안 선생님도 나도 아무 말이 없었습니다. 선생님께서는 책상에서 무슨 서류들을 뒤적이시고 나는 죄인처럼 의자에 쪼그리고 앉자만 있었습니다. 그렇게 20여 분이 흘렀습니다.

"그날 행사에 몇 명이나 모이지?"
"네, 선생님, 6백 명 정도 모입니다."
선생님께서 '마음을 여시고 받아 주시려는구나' 생각하니 감사와 기쁨에 온몸 세포가 누워 있다가 벌떡 일어서는 느낌이었습니다.
"자네 고집에 내가졌네. 어떻게 가야 하는지 말해 주게."
"선생님 정말 감사합니다. 기차를 타시고 대전역에 오시면 모시러 가겠습니다."

대전에서 금산으로 가는 길은 당시에는 비포장도로였고 자동차로 40여 분 걸리는 산골 도로였습니다. (지금은 고속도로가 되어 있어 20분 정도)
참으로 송구스럽고 감사, 또 감사한 선생님의 배려였습니다.
기차표도 강사비도 없는 산골에 오시는 선생님을 대전역에 모시러 가는 차편을 배려해 준 당시 금산경찰서장에게도 감사를 드립니다.

껍데기에 노예가 되지 마라

26
선생님 영전에 드리는 글

✳
· · ·

　선생님을 모시고 진행된 낮 시간 강연회는 대성황을 이루었고 선생님께서도 기업체 강의할 때보다도 순수한 농민과 청소년들을 만나 보시고 만족해하시는 것 같았습니다.

　강의가 끝나고 차를 드시며 나에게 칭찬을 해 주셨고 곧바로 상경하시겠다고 하셨습니다.

　"선생님, 오늘은 못 가십니다. 불편하셔도 시골에서 하룻밤 주무시고 가세요."

　"아니네, 오늘은 가고 다음에 기회 있으면 그렇게 하지."

"선생님, 사실은요. 공무원들 퇴근 후에 야간 강좌 한 번만 더 부탁드리렵니다. 선생님께서 이런 시골에 언제 또 오시겠습니까? 용서해 주시고 허락해 주십시오."

함께 차를 마시던 몇몇 농민 지도자들도 내 말에 동조하며 선생님께 허락해 달라며 거들고 나섰습니다.

선생님은 한참을 침묵하시다가,

"그렇게 합시다."라며 승낙을 해 주셨는데 내 마음은 너무나 무거웠습니다.

나는 군수, 교육장, 서장을 차례로 방문하여 뜻을 전했고 많은 사람이 참여할 수 있도록 부탁했습니다. 강좌 장소는 경찰서 강당으로 정했는데 입추의 여지없이 선생님 강연을 듣고자 모였습니다.

"삶의 지혜, 생의 가치관, 한국인의 자긍심, 열심히 일하는 농민은 알파요, 오메가"라며 힘을 주셨던 선생님의 강연은 청중을 사로잡았습니다.

강연을 마치고 누추하지만 나의 집으로 선생님을 모시고 갔습니다. 그런데 많은 수강자들이 뒤를 따라 내 집까지 쫓아온 것입니다.

선생님은 괜찮다며 모두 들어오라고 하셨습니다.

"장 회장님, 혹시 지필묵 있는가?"

청년 단체의 회장을 맡아보기도 했지만 여러 사람이 있어 나를 예우해 주시기 위해 그렇게 불러 주셨습니다.

"네, 선생님. 가지고 있습니다."

"찾아오신 분들에게 드릴 게 없으니 글 한 자씩 써 드리겠네."

선생님께서는 특유의 필체로,

'빙그레 웃는 얼굴'이라 쓰시고 한 사람씩 선물하셨고 받은 사람들은 너무도 흡족해 했습니다.

2013년 10월 7일에 선생님께서는 93세로 영면하셨습니다. 선생님의 빈소는 서울대병원 영안실 1호였지요. 영안실을 찾아가 선생님을 뵈었고 내가 써 간 '선생님 영전에 드리는 글'을 봉투에 넣어 선생님 영정 앞에 놓고 나오려는데 상주인 아드님이,

"선생님, 써 오신 글을 낭독해 주실 수 있겠습니까?"라며 낭독을 권하였습니다.

"조문하러 오시는 분들이 많은데 오히려 폐가 되면 안 되지요"라고 정중히 거절을 했는데,

"아닙니다. 오히려 모두 좋아하실 거예요. 낭독해 주십시오."라며 진정으로 권하는 것이었습니다.

나는 봉투에 담긴 글을 빼내어 낭독하기 시작했습니다. 그런데 중간쯤 읽어 내려가다가 나는 눈물이 흐르고 목이 메여 힘들게 낭독

을 하고 말았습니다. 낭독이 끝나고 돌아서는데 주위 사람들을 보니 모두가 숙연해졌고 아드님은,

"너무 감동적인 글입니다. 낭독해 주신 선생님의 글을 아버님 박물관에 보존하겠습니다."

"그렇게 해 주시면 저로선 더없는 영광이지요. 감사합니다."

아드님과 후일 한번 만나기로 하고, 선생님께서 주시는 식사를 하면서 내내 눈물이 났습니다.

〈선생님 영전에 드리는 조사 내용을 옮겨봅니다.〉

"1981년에, 억지떼를 쓰며 선생님 일정을 물리치시게 하고 산골 충남 금산에 오시게 하여 농민을 위한 강연을 하시게 했으며 강연을 마치고 상경하시는 길을 막아서며 야간에 지역민과 공직자를 위해 한 번 더 강연을 하시고 누추하지만 시골 저의 집에 주무시고 가달라는 또 한 번 떼를 썼는데도 허락해주신 선생님!
저에게는 영광이오나 선생님에게는 고달픔이었을 그때의 일을 용서하여 주십시오.
삼선교 선생님 댁을 찾아가서도 시간을 빼앗겨주신 선생님! 두고 두고 감사합니다.
마르신 체구에서 품겨 나오는 선생님의 우렁차고 힘 있는 강연을 들으며 제인생의 목표를 설정하게 해주신 선생님! 한없는 기쁨과 고마움을 제 생애에 어찌 잊을 수 있겠습니까.

껍데기에 노예가 되지 마라

저도 선생님의 흉내를 내며 강단에 서서 강의를 해온지 30년! 힘들어도, 어려워도 선생님 생각하며 보람으로 살아갑니다.
소주한잔 걸치시면 소박하시고 털털하신 선생님께 더욱 존경과 사랑을 느끼게 해주셨습니다. 그런데 사모님께는 좀 두려워하시는 모습을 보고 제마음속에 평화한 웃음을 짓게도 해주셨습니다.

이제 세상에서는 뵙지 못하지만 선생님께서 가르쳐주신 많은 제자들이 선생님 뒤를 이어 세상을 조금 더 아름답게 소홀함 없이 가꾸기를 노력한 후에 후일 선생님 계신 곳으로 찾아가 뵙겠습니다.
쩌렁쩌렁한 음성으로 도산사상을 전하고자 하셨던 선생님! 만나는 사람들에게 '빙그레 웃는 얼굴'이라는 특유의 필체로 선물해주셨던 선생님! 편히 잠드소서! 편히 잠드소서!"

2013년 10월 8일 장 지 원 올림

지금은 이 세상에 안 계신 선생님께 말도 안 되는 억시를 쓰며 사전 협의도 없이 무례했던 행동에 용서를 빕니다. 내 인생에 스승이셨고 내 인생에 목표를 설정케 해 주신 선생님! 편히 잠드소서! 편히 잠드소서!

27
선생님의 애로 사항

어느 날 땅거미가 지고 어둑해진 시간에 서울 삼선동 안병욱 선생님 댁을 방문하려고 좁은 언덕배기를 가려는데 어떤 아저씨가 전봇대에 소변을 보고 있었습니다.

"아저씨! 사람들 왕래하는 길가에서 그럼 안 되죠!"하면서 지나쳐 가려는데 왠지 느낌이 이상해서 뒤돌아보았습니다. 세상에 이럴 수가…!

"선생님! 뭐하시는 거예요, 지금!"

"어~어~, 이게 누구야. 장 선생인가."

내가 가장 존경하는 선생님이 노상 방뇨를…?

"이 사람아, 그냥 못 본체하고 가지 왜 불러~."

약간 비틀거리며 술 냄새가 풍겨 났습니다.

"저 지금 선생님 댁에 가는 거예요."

"으응~, 그럼 같이 가자구."

필자는 선생님 허리를 껴안고 부추겼습니다. 약간 오르막을 지나면 바로 선생님 댁이 있었는데,

"어이, 우리 소주 한잔 더하고 들어가세."

바로 집 맞은편에 구멍가게가 있었고 선생님과 나는 가게 앞에 있는 들마루에 걸터앉아 소주 한 병과 오징어포를 놓고 한 잔씩을 따라 마셨습니다.

"아무리 급해도 그렇지, 그게 뭐예요."

"이 사람아, 오죽 급하면 그랬겠나. 생리 현상은 어쩔 수 없어."

거기까지 말하고 소주 두 잔째를 막 따르려는데 맞은편 선생님 집 대문이 열리고 사모님이 우리를 똑바로 보게 되었습니다.

"여보!"하며 선생님을 부르는 소리에 선생님은 당황하시는 음성으로 나를 향해,

"여보게, 오늘은 여기까지만 하고 우리 다음에 만나세"하시며 종종걸음으로 댁에 들어가셨습니다.

후일, 선생님을 만나서 들은 얘기는,

"우리도 다른 사람들과 사는 모습이 똑같은데 자꾸만 뭐 특별한

삶을 할 것이라 생각하는 것이 제일 곤혹스럽네."하시는 것이었습니다.

연세대 김형석 교수님과 두 분이 동갑네신데 그 당시 한국 철학의 양대 산맥이셨습니다.

필자는 김형석 교수님을 안병욱 교수님처럼 졸라 내 고향 금산에 모셨고 그렇게 김 교수님께서도 강연을 해 주셨는데 두 분 모두 하룻밤 주무셨어도 강사료는 못 드렸습니다.

그러나 강의를 들었던 몇몇 사람들이 인삼을 보자기에 싸서 전해 주는 정감에 선생님들도 흐뭇해 하셨습니다.

김형석 교수님께서도 하룻밤 주무시면서,

"독자님들이 우리는 부부 싸움도 안하고 사는 줄 알고 신비로운 생각을 가지고 갑자기 집으로 찾아올 때 가장 곤혹스럽다."라고 하셨습니다.

필자도 지금껏 햇수로 30년을 선생님처럼 살고 싶어 열심히 해오긴 했지만 턱없이 부족함을 느끼며 강의를 하고 있습니다.

1990대 초반에는 우연하게도 어느 기업체 연수원에 강의 초청을 받고 갔는데 선생님께서도 초청 강사로 오신 것입니다.

"오~! 자네도 왔는가."

"아니, 선생님! 같은 기업에 강의를 하게 되다니…. 송구스럽습니다."

시간표를 보니 선생님이 앞에 하시고 그 다음에 내 강의 시간을 배정해 놓았던 것입니다.

왠지 시간표를 만든 담당자가 못마땅하게 생각되었습니다.

참으로 훌륭하신 선생님,

오직 강연과 집필에 몰입하시며 대학에서, 사회에서 삶의 가치와 정신적 양식을 주시고 힘을 주신 선생님!

특히 도산 안창호 선생님의 사상과 철학을 국민에게 전파해 오신 집요한 노력에 고개 숙여 존경하고 사랑합니다.

28
내 인생의 헛발질

❋
. . .

새마을운동본부 교수로 재직하고 있을 때, 대통령 선거를 도우라
는 요청을 받고 자리를 바꿔 특수한 채널로 이동하여 당위성 강의와
조직 교육을 해낸 일이 있었습니다.

그 공로를 인정받아 당선된 쪽에서 선물을 준다면서 국회의원 공
천을 약속하며,

"당선되어 돌아와 함께 일하자"는 말에 그만 그렇게 하기로 하여
출마를 했지만 결과는 예기치 못한 바람이 불어 실패했던 경험이 있
습니다.

돌이켜보면 짧은 시간에 색다른 경험과 공부가 되었지만 내 인생에 하지 말아야 할 큰 헛발질이었습니다.

그로 인해 가족들이 고생하게 된 것 또한 후회하게 된 헛발질이었습니다.

곧바로 모든 당직을 내려놓고 서울로 올라와 〈한국지도자훈련원〉을 만들어 사회 교육에 전력을 쏟았으며 그 후 〈리더십훈련원〉, 〈세일즈맨사관학교〉, 〈네트워커사관학교〉를 창설하여 지금까지 교육에만 힘쓰고 있습니다.

사람마다 각기 다른 달란트가 있습니다. 남들이 한다고 "나도 할수 있다."는 억지 지도를 가지거나 욕심으로 지도를 그리면 나도 손실을 보게 되고 주위 사람들에게 피해를 주거나 불편함을 줄 수 있습니다.

다만 자신의 적성과 추구하는 분야에 능력이 있다면 열정을 가지고,

"남들도 하는데 내가 못해 낼 이유 없다."는 논리는 당연할 것입니다.

그래서 자기 적성에 맞는 지도를 갖는 것이 효율적 인생을 사는 가장 중요한 기둥이 될 것입니다.

세상은 오직 돈을 얼마나 버느냐로 측정하고 평가하며 성공을 가

늠하려 듭니다. 그것이 당연한 논리나 진리라면 세상은 큰 혼란이 일어날 것이 분명합니다.

그래서 직업은 다양합니다. 기업하는 사람도 있고 종교인, 문학인, 스포츠인, 의사, 교사, 변호사, 예술인, 음악인, 방송인, 농민, 어민, 간호사, 군인, 경찰, 식당 하는 사람, 구멍가게 하는 사람 등등, 수 만 가지의 직업들이 조화를 이루며 살아갑니다.

그 조화를 이루지 못하고 돈 욕심 쪽으로만 치닫는다면 세상은 찌그러지거나 파손될 것입니다.

사는 방법도 다양하지요. 재벌 기업도 있지만 가난한 할머니가 평생 두부 팔아 번 돈을 대학에 기부하고,

산에서 염소와 함께 살고 있는 할머니는 염소 키워서 번 돈을 고향 중학교에 장학금으로 기부하고,

호박죽 팔아 번 돈으로 매월 몇 십만 원 씩 이웃을 위해 아낌없이 쓰고 아프리카에 굶어 죽어가는 아이들을 위해 기부하며 사는 분도 있으며,

88세 된 재일 동포 할아버지가 혼자 살면서 모은 돈 29억 원을,

"고국에서 가난하고 외롭게 살아가는 노인들에게 써 달라."며 돈을 보내온 경우도 있습니다. 이 할아버지는 장아찌 반찬 한 가지로 식사를 하는 분이였답니다.

이처럼 우리들이 사는 모습 속에는 돈의 량으로 성공을 가늠하

껍데기에 노예가 되지 마라

고 돈으로 가치를 측정하는 사람만이 사는 세상이 아님을 잊지 마십시오.

그분들이야말로 존경받아야 할 삶을 살고 있으며 극락세계나 천당세계가 존재한다면 그분들이 먼저 티켓을 받게 될 것이 분명하지 않습니까?

오직 돈을 얼마나 벌고 얼마나 가지고 있느냐로 평가되는 인생이라면 스스로 너무나 초라하고 볼품이 없습니다.

잘못 그려진 삶의 지도 때문에 단 한 바퀴밖에 안 되는 귀하고 짧은 인생에 헛발질이 없기를 조심 또 조심하고 냉정한 기도 후에, 자기 지도를 가지라고 권합니다.

필자의 인생은 교육입니다. 강의해 달라는 부탁이 나는 가장 행복합니다. 어떤 분들은,

"장 원장님은 전국에 교육받은 사람들이 많고 인맥이 좋아서 사업을 하면 돈을 많이 벌 수 있는데 왜 안하는지 답답하다."는 표현도 합니다.

그분은 필자가 답답하게 보이지만 나는 그냥 이 길을 고집하며 가려 합니다. 그렇게 30여 년이 되었나 봅니다.

29
멍들어 가는 영혼

✳
• • •

요즘 차를 운전하고 다닐 때 내비게이션이 없으면 길을 찾아가기가 힘들고 때로는 전혀 찾아갈 수가 없음을 독자님들도 인정할 것입니다.

내비게이션이 없던 시절에는 어떻게 했을까(?)를 생각해 보셨나요?

과거에는 내비게이션이 없어도 다 찾아다녔거든요. 그런데 요즘 내비게이션이 고장나이 났다면 아예 대중교통으로 가거나 택시를 이용하게 될 것입니다.

그만큼 기계 의존도가 높아졌고 심하게 말하면 기계 문명은 사람을 위해 만들어지고 발전해 왔지만 이제 IT 분야 문명은 인간의 삶

껍데기에 노예가 되지 마라

에 편리성을 넘어 그 속에 예속되어 가는, 어쩌면 앞뒤가 바뀌어 지고 있는 모습입니다.

핸드폰 기능은 참 다양합니다. 집에서 외출하거나 출근할 때 지갑은 빠트리고 갈 수는 있어도 핸드폰만은 되돌아와서 꼭 가져가야 하듯이 핸드폰은 이미 필수 소지품 정도의 수준을 넘어선 것처럼 보입니다.

요즘 핸드폰 없이는 생활 자체가 불편하고 마비되는 듯합니다.

"네가 필요해."가 아니고,

"너 없이는 못살아."로 되어 버린 것이지요.

어떤 때는 본인 핸드폰 번호마저도 생각나지 않았던 경험이 있었을 것입니다.

본인 것도 그런데 가족들이나 가까운 친구들 전화번호를 외우는 사람은 거의 없습니다. 예전에는 그렇지 않았는데 말입니다.

지하철을 타면 승객 70% 이상이 고개를 숙이고 핸드폰 속에서 무언가를 열심히 합니다.

청소년들이 밤새워 가며 컴퓨터 게임에 혼이 나가도록 하는가 하면 죽음으로까지 이르게 되는 상황을 뉴스 보도를 통해 알고 있습니다. 이는 대충 넘길 일이 아니며 우리의 미래를 생각하면 더더욱 큰 일이 아닐 수 없습니다.

핸드폰 문자 편지가 발달되어 편리한 것 같은데 편지 글 쓰는 사람이 사라질 지경에 이르렀습니다. 학생들의 글씨는 어떻게 되어 가고 있는지 아십니까?

우리가 그 옛날 선생님께서 바르게 앉아 글씨를 또박또박 바르게 쓰라고 가르쳐 주셨는데 지금 청소년은 등뼈가 비틀어지고 굽어 있으며 글씨를 바르고 예쁘게 쓰려는 모습은 보이지 않습니다.

손가락 놀림으로 1초에 몇 개의 키보드를 누를 수 있느냐가 중요한 시대입니다.

인간애, 사랑의 대화, 바름, 예절, 친절 같은 정서가 메말라 비틀어져 가고 있음을 보고 있습니다.

IT 범람 속에 가장 소중한 것이 파괴되고 노예화되어 가는 삶의 방식을 돌려놓을 방안과 대책이 준비되어야 건강한 참인간 사회로 갈 수 있습니다.

IT 발전과 병행하여 인성 교육과 건강 교육을 강화하지 않으면 회복하기 힘든 괴로운 삶이 될 수도 있음을 알아야 합니다.

IT산업 강국으로 경제적 소득은 얻을 수도 있겠지만 육신과 영혼이 병들어 가는 불안을 지울 수가 없습니다.

가정에서, 학교에서, 사회 시스템이나 국가 정책에서 인성과 건강 프로그램을 적극적으로 운용할 때 평안하고 가치 있는 삶의 나라가 만들어질 것입니다.

껍데기에 노예가 되지 마라

청소년의 스마트폰 중독이 심각한 수준이라는 뉴스 보도를 들어 보셨습니까?

2013년 3월 26일 현재 여학생은 8.3%, 남학생은 2.8%가 스마트폰 중독이 되어 있다는 뉴스를 들었습니다. 서울 강북구에 있는 초, 중, 고, 대학생 1,600명을 대상으로 조사를 했으며 평일에는 7.8시간 스마트폰을 사용하고 주말에는 9.8시간 동안 스마트폰에 푹 빠졌다는 것인데 - 그 학생들을 중독된 숫자로 평가를 했다는 것이지요.

그러나 필자의 생각은 다릅니다. 1,600명에게,

"학생은 하루에 스마트폰을 몇 시간 사용합니까?"라고 질문하면 사용 시간을 줄여서 말하는 학생이 대부분일 것이고 늘려서 말하는 학생은 거의 없을 것입니다.

하루 평균 7.8시간~9.8시간 스마트폰에 매달려 있는 청소년 중, 여학생이 8.3%이고 남학생이 2.8%라고 하는데 실제로는 아마도 그 세 곱수가 되지 않을까 생각합니다.

스마트폰을 하루에 5시간 이상 사용하는 사람이 중독성에 걸려 있다고 본다면 아마도 30% 이상의 청소년이 이에 해당된다는 생각을 하고 있습니다.

하루에 다섯 시간 이상 과다한 사용을 하는 학생은 학업 성적이

낮고 우울 증세나 불안 증세가 심하다는 것이 문제입니다.

컴퓨터 게임이나 스마트폰에 매달려 하루 대여섯 시간을 혼자서 지낸다면 가족이나 친구와의 대화는 단절된 상태로 대인 기피 증세가 올 수 밖에 없게 됨은 심각한 일입니다.

앉아 있는 자세도 비틀어지고 목 근육, 어깨 근육이 뭉쳐서 통증이 오며 전자파로 인한 건강 문제와 각종 정신 장애가 발동할 수 있음을 걱정하지 않을 수 없습니다.

이에 대한 대책이 마련되기를 간곡하게 요청하고자 합니다. 너무 긴 세월을 방치하면 기계 문명에 기형 인간이나 노예 인간이 되는 불안을 지울 수 없고 나아가 한국의 미래가 걱정되는 일입니다.

30
리더의 자기인식 (自己認識)

❋
. . .

조직의 리더 역할은 막중합니다.

가정 조직, 직장 조직, 사회 조직, 국가 조직은 그 리더에 따라 조직원에게 평안과 풍요 그리고 희망을 안겨 주기도 하고 혼란과 배고픔 그리고 절망을 안겨 주기도 합니다. 이는 국제 정치사에서도 많이 보아 온 사실입니다.

조직의 리더가 학력이나 지식이 많다고 조직을 잘 이끌어 가는 것이 아니라 정직성, 근면성, 전체를 볼 줄 아는 통찰력, 결단력과 실행력, 소통과 화합력, 미래 비전 능력 그리고 역사 인식과 사명감

등이 리더에게는 필요한 요소들일 것입니다.

여기에서 자기인식(自己認識)은 '자기 자신을 안다'는 것이지 심리학이나 생체학적 설명을 하고자 하는 것은 아닙니다.

리더 자신이 자신의 능력을 수치로 정확히 알 수는 없으나,

* 일의 우선순위를 아는 기획 능력
* 계획을 세웠으면 우물쭈물하지 않는 업무 추진 능력
* 일의 진행과 함께 업무 평가와 미래 설계 능력
* 업무 조정력과 조직원 상호 간의 화합 능력
* 결단력과 자제력(自制力)

위에 열거한 내용들을 리더 자신이 얼마나 인지하고 활용할 수 있는지 고민해 보지도 않고 자리와 권세만으로 조직을 통솔하려 하면 리더의 눈앞에서는 잘 되는 듯 보일지 몰라도 비능률과 비효율이 곧바로 나타나게 될 것입니다.

그래서 리더는 「자기인식」이 우선되어야 합니다. 권세가 능력의 전부인 것처럼 착각하며 지시나 명령식으로 일처리를 한다면 그 일의 낭패는 시간문제입니다.

반대로 능력이 많은 리더이지만 조직원들과 협의나 토론을 거쳐

　　껍데기에 노예가 되지 마라

일을 추진한다면 업무 성과는 당연히 좋아질 것이고 더 큰 장점은 조직의 화합과 업무 효율 그리고 기(氣)가 살아 있는 조직으로 성장할 것입니다.

기업에서 상사보다 직원이 어떤 분야에서는 능력이 더 좋을 수가 있습니다. 그런 때에 상사가 직원에게 칭찬을 해 주며 업무 추진을 한다면 얼마나 좋은 일터입니까.
상사의 자존심과 체통 때문에 칭찬을 못하는 상사가 있다면 참 딱한 조직이 될 것입니다.

리더는 겸허한 자세로 「자기인식」부터 출발해야 하고 부족하거나 모르면 자신 스스로에게 솔직하고 냉정하게 털어놓고 공부를 하든지 잘하는 동료나 후배 파트너들에게 물어도 보고 칭찬할 줄 아는 덕이 있어야 합니다.
동료나 후배보다 지식적으로 많이 알아야 존경받는 것이 아니라 스스로 낮추고 상대를 칭찬해 주며 사랑을 베풀어 주면 존경받고 업무 능률도 상승할 것입니다.

과거 내 어머니는 초등학교도 못 가신 분이지만 어머니 앞에 꼼짝 못 할 만큼 무서웠고 또한 존경스러웠던 것은 어머니의 무한한 사랑의 실천 때문이었습니다.

지식은 껍데기에 불과하고 겸양의 덕과 사랑의 실천은 모든 것의 알맹이라 할 수 있습니다.

'나는 그 알맹이를 가졌는가, 못 가졌는가.'의 「자기인식」부터 출발해야 리더의 몫을 해낼 수 있을 것입니다.

31
한국의 리더십은 몇 도인가

*
. . .

리더십은 한마디로 '어울릴 줄 아는 능력'이라고 말할 수 있습니다.

한국인은 우수한 민족입니다. 젊은이들의 기능 올림픽은 오래 전부터 거의 금상을 휩쓸어 왔고, 젊은이의 끼 상징인 비보이 까지도 세계 일등입니다.

100년 전만 해도 거지처럼 살았고 누가 때려도 대항할 기력조차도 없어 굴욕을 당하고 겨우 독립되어 사는가 했더니 전쟁으로 동강 나고 폐허가 되어 구걸로 연명하던 이 땅,

대한민국이 경제 대국이 되어 도움을 주는 나라로 성장한 것을 보면 한국인은 분명 우수한 민족임이 틀림없습니다.

그렇게 열심히 살았기에 자부심을 느끼지만 언제부터인가 가정, 학교, 사회는 점수와 석차, 그리고 일류 대학 등으로 사람을 평가하기 시작하여 유치원 때부터 점수 경쟁이 치솟아 부모는 아이들끼리 어울려 노는 것을 단호히 거부하고,

"집에 가서 공부해라, 공부나 해"라며 아이들을 무섭게 야단치거나 아니면 학원으로 오밤중까지 내몰았습니다.

그러니 친구끼리, 친척끼리, 동네 사촌끼리 어울려 신바람 나게 맘 놓고 뛰놀 수가 없어 서로 이해하고 즐거운 시간을 함께 보내며 인간적 스킨십을 할 기회가 없어진 것입니다.

그렇게 어울려서 길러지는 것이 리더십인 것을 모르고 점수 경쟁에 떠밀려 귀한 것을 잃어버리고 말았던 것입니다.

방안에서 혼자 공부만 하다 보니 개개인의 수험 능력과 암기 실력은 뛰어나지만 모아 놓으면 이상하게도 싸우고 토라져서 철없고 나약한 집단이 되어 버리는 것입니다.

개개인은 좀 약해도 뭉치면 강해야 당연한 것 아닌가요?

그런데 거꾸로 된 것이 분명합니다.

리더십 훈련이 부족하기에 서로 양보하고 이해하고 사랑을 나눌 줄 모르며 이기적이고 자기 소속 집단만을 생각하게 된 것입니다.

함께 있으면 경쟁의식이 발동되어 남보다 내가 잘난 척이라도 해

껍데기에 노예가 되지 마라

야 한다는 망상에 사로잡혀,

"저 녀석 때문에 내가 피해를 보지는 않을까?"

"너보다는 내가 위에 서야지."

"어떻게든 이겨야 대우받는다."는 생각이 상대를 미워하게 되고 어울려 즐길 수 없는 풍조가 쌓이게 되었습니다. 따뜻한 가슴보다는 이해득실의 차가운 가슴을 선택하게 만든 여러 계층의 구조가 자꾸만 이기적인 인성으로 몰아왔던 것입니다.

어려서부터 어울리는 훈련이 안된 우리 국회가 싸움질 장이 된 것처럼 말입니다.

이제부터라도 어울리는 훈련이 진정으로 필요합니다.

리더십은 오케스트라 연주처럼 아름답게 조화를 이루는 것입니다.

이기적인 욕심을 쉬게 하고 각자의 소리를 조금씩 줄여 다른 악기의 소리와 보조를 맞춰 가며 화음을 만들어 전체가 아름다운 감동을 엮어 내는 것, 그것이 하모니 리더십입니다.

조직이 하모니를 이루게 되면 신바람 속에 업무 능률이 오를 것이며 천하무적의 팀웍이 전개될 것입니다.

또 하나, 리더는 원칙을 고수해야 합니다.

원칙이란 「어떤 행동이나 이론, 사업 등에서 지켜야할 근본적인 법칙」이라고 사전에 기록되어 있습니다. 한마디로 실행을 목적으로 정해놓은 룰, 규정, 법칙을 말합니다.

원칙과 룰을 무시하는 행위는 기업이든 국가든 개인 사물화하는 행위이기에 그들만이 즐기는 「제 맘대로 십」이라 할 것입니다.

가정에서도 아버지는 매일 술 먹고 오밤중에 귀가하면서 자식에게는 일찍 집에 들어와 공부하라면 리더십이 있는 아버지가 아닙니다.

가정에도 룰이 있고 원칙이 있습니다. 그것을 부모가 깨트리면 엉망 집안이 될 것이고 부모가 잘 지켜 간다면 전통 있는 가문의 집안이 될 것이 분명합니다.

그러므로 사람이 사는 곳에는 원칙의 리더십이 바로 지키고 세워질 때 아름다운 하모니가 이루어질 것이고 풍요로운 삶이 지속될 것입니다.

기업도, 사회단체 조직도 원칙이 바로 설 때 일할 맛이 나는 직장과 조직이 될 것인데 지금 우리 사회의 리더십은 과연 몇 도나 될까?

일부 저축 은행의 썩은 냄새는 권력과 버무려진 것으로 어제오늘의 풍경이 아니지만 신선하다고 믿었던 한국의 스포츠마저 원칙을 잃어버리고 이미 수십 명 이상의 축구 선수가 더러운 홀에 빠지기도 했습니다.

껍데기에 노예가 되지 마라

세월호의 참담한 사건으로 희생된 학생과 가슴 찢어지는 부모의 통곡 소리는 무엇 때문입니까?

원칙을 버리고 끼리끼리 돈 빼먹는 비리와 안전 불감증의 공직자 그리고 선박 업체 리더들의 무책임의 극치가 빚어낸 부끄럽고 통탄할 사건입니다. 수십 년 동안 고질화되고 적폐된 것이 터지고 만 것입니다.

선진국이란 국민의 생명과 재산을 보호하고 위기관리의 신속한 프로그램 가동이 되어야 합니다. 그러나 세월호 사건은 만연된 무원칙과 부조리가 고리를 물고 있기에 처참한 모습과 함께 우리나라의 형편없는 후진성을 세계에 보여 준 잔혹하고 부끄러운 사건입니다.

정치권은 복지 문제로 다투고 반대를 위한 반대로 싸우면서 입으로만 국민을 위한다는 위선과 저급한 작태를 걷어내고 어설픈 정치판을 혁신하기에 앞서 어린 학생들 앞에 속죄해야 할 것입니다.

지금 멈춰 버린 리더십 측정 기계를 빨리 수리하지 않으면 선진 한국은 먼 나라 얘기일 뿐입니다. 이래도 정부와 정치권 리더들은 각종 선거에 살아남기 위해 딴전만 부리고 있어야 하는가 묻습니다.

원칙을 팽개치는 리더십은 모두 다 망하는 길임을 명심해야 하고 이제라도 정신차려야 할 것입니다. 나부터 말입니다.

32
인생은 선택이다

✲

‧ ‧ ‧ ‧

이 우주에 존재하는 무수한 동식물 중에 왜 인간만이 위대하다고
하는가?

많은 이유가 있겠으나 가장 큰 이유는 변할 수 있는 존재이기 때
문입니다. 변한다는 것처럼 위대한 행위는 없습니다.

사람들로부터 손가락질을 받는 사람일지라도 좋은 점은 반드시
있습니다.

외부로부터 동기부여를 받고 변화가 일어날 수 있으며 어떤 신앙
을 접하고 변화가 일어날 수도 있을 것입니다.

껍데기에 노예가 되지 마라

중학교 2학년에 퇴학 처분을 받았고 19세 되던 해에 조폭에 가담하게 되었던 한 사람을 소개하려 합니다.

낮에는 철거 현장이나 재건축 현장을 돌며 철거민들을 두들겨 패는 역할을 했고 밤에는 나이트클럽을 전전했습니다.

200명의 조직을 거느린 행동 대장 역할을 하다가 경찰에 15번이나 잡혀 20년을 감방 생활을 하게 되었습니다.

1990년 중반, 복역을 하면서 방송 통신으로 신학을 공부하기 시작하여 2004년 목사 안수를 받게 되었으며 지하철 1호선 동인천역 인근 1층 식당에 자리를 잡고 무료 급식을 시작하였습니다.

거리를 떠도는 청소년에게 라면과 짜장면을 제공하고, 노인과 노숙인을 위해 점심 저녁을 대접하고 있습니다.

교도소와 소년원을 돌며 체험 강의도 하고, 수많은 전과자들이 그곳을 찾아와 자립의 길을 걷게 만들어 주는 역할을 하게 되었습니다.

법무부로부터 유일하게 사설 자활 기관으로 지정받은 「사랑의 마을」이 그곳이며 주인공은 55세 된 이종묵 목사입니다.

하루에 150그릇의 밥을 대접하기 위해 새벽에는 인천 구월동 농수산물 도매 시장에서 하역 작업으로 야채를 얻어 오며 오후에는 연안 부두에서 일하고 생선을 얻어다가 부식으로 활용하고 있답니다.

지금 10년 넘게 그 일을 변함없이 하고 있다니 그 노력과 고통, 애로 사항이 좀 많겠습니까.

아무나 할 수 없는 일이기에 그에게 박수를 보내고 아무나 할 수 없는 아름다운 변화에 찬사를 보내는 것 아니겠습니까.

그렇기에 지구상에서 변할 수 있는 인간만이 가장 위대하다고 할 수 있는가 봅니다.

프랑스의 철학자 「장폴 사르트르」는 "인생은 선택"이라고 했습니다.

부모, 고향, 혈액형, 성씨, 국적, 나이 등은 선택이 아니지만 내가 아침에 눈을 뜨면 무엇부터 할 것인가.

신문지 들고 화장실로 갈 것인가, 새벽 담배부터 피울 것인가, 창문을 열어 젖치고 침구를 정돈할 것인가, 운동화 신고 조깅을 할 것인가, 어떤 칼라의 옷을 입고 출근할 것인가, 웃고 살 것인가, 짜증 낼 것인가, 대충할 것인가, 죽기 살기로 할 것인가의 선택은 자유이지만 그 선택에 따라서 운명은 달라질 것입니다.

세계 경제가 어려운데 어떤 사업을 해야 성공할 것인가. 사업 종류의 선택에 따라 실패나 성공으로 갈라질 것입니다.

방법 선택이나 장소 선택도 승과 패의 길목에 매우 중요한 일이 될 것이고 서비스의 질에 따라서도 달라지고 어떤 사람을 선택하여

껍데기에 노예가 되지 마라

함께하느냐는 너무도 소중한 문제이며 운명을 가르는 일이 되기도 합니다.

선택은 운명을 가릅니다. 선택을 조급하거나 순간의 감정으로 하면 성공률은 희박합니다.

필자는 선택 중에 「아침 출발의 선택」과 「사람 선택」 그리고 「변화의 선택」을 신중하게 해 줄 것을 더욱 강조 드리고 싶습니다.

33
아침 출발의 선택

✳
· · ·

자리를 박차고 일어나 상쾌하고 기분 좋은 아침을 만들지 못하는 사람은 아름다운 인생을 만들 수 없습니다.

게으름을 피우고 늦잠에 취해 머뭇거리다가 겨우 일어나 담배부터 찾는 사람은 아름다운 아침을 맞을 수 없으며 이는 생동감 있는 삶의 출발이 아닙니다.

어린 시절 어머니께서,

"이놈아 아침에 게으름 피면 거지꼴 못 면한다. 새벽 1시간 일이 한나절 일과 맞먹어 이놈아!"

껍데기에 노예가 되지 마라

그렇게 야단을 치시던 어머니가 무서워 벌떡 일어나 이불을 정리하고 비질과 걸레질, 그리고 학교 갈 준비가 끝나면 어머니가 주시는 아침밥을 먹고 책과 공책은 보자기에 둘둘 말아 허리에 단단히 묶고 십 리 길 학교를 나서면 어머니는 장사거리를 머리에 이고 손에 들고 가파른 산길을 내려가다가,

"네가 앞장서거라"하시며 걸음을 재촉하셨습니다.

그때가 1953년 초등학교 1학년 시절, 참으로 배고프던 시절이었지만 잊지 못할 행복한 때였습니다.

1년의 시작은 1월이고 한 달의 시작은 초하루 날이며 하루의 시작은 새벽이고 아침입니다. 그러니 1년의 시작도, 한 달의 시작도, 모두 새벽 아침인 것입니다.

새벽이 오는 것을 기쁜 마음으로 맞이하지 못하고 게으름 피는 사람은 1년 내내 기쁨의 출발이 없음입니다.

또 하나, 어머니께서 야단지셨던 것은,

"이놈아! 시작은 반이야!"

시작이 얼마나 인생에 중요한지를 깨우쳐 주신 것이지요.

어둠을 밀어제치고 훤히 밝아 오는 대지 위에 걷고 뛰다 보면 발그레 찬란한 빛이 세상을 밝히기 시작합니다. 그때, 숨을 고르며 희망의 설계와 함께 가슴 벅찬 삶의 하루가 역동합니다.

그 맛을 매일 삼키며 아침 출발을 한다면 세상을 모두 자기 것으로 만드는 프로 인생이 분명합니다.

당신이 선택하십시오.

어떤 아침을 맞이하고 선택하시겠습니까? 그 선택에 따라 운명이 바뀌고 사주팔자가 바뀌게 될 것임을 장담하겠습니다.

어느 날 역학을 대학원에서 가르치는 역학 대가인 교수가 내 사무실에 와서 그와 차 한 잔 나누며 여러 가지 얘기를 나눈 일이 있습니다만,

"수상, 족상, 관상, 생년월일시(사주팔자)가 좋거나 나쁘거나 심상(心像)만 좋으면 만사가 OK"라는 결론에 동의했습니다.

마인드 컨트롤 할 수 있다면 일이 잘 풀릴 것이란 것이지요.

그것은 내면세계를 잘 다스리라는 것입니다. 그날 우리는 삶의 현장에서는 행동력도 함께 컨트롤해야 되므로 아침 출발에서 정신과 육신이 함께 움직여야 운명이 바뀔 수 있음에도 동의했습니다.

마음만 가고 행동이 함께 가주지 않으면 아무것도 완성되는 것은 없습니다.

독자님도 동의하시면 당장 내일 아침 출발부터 아름답게 출발할 것을 다짐하십시다.

껍데기에 노예가 되지 마라

34
30분만 더 부지런 떨자

✳
. . .

이른 아침, 30분만 더 부지런 떨면 온 가족이 행복해집니다. 남편도 아내도 자녀들도 30분만 더 부지런 떨어 각자가 할 일을 밝은 마음으로 챙긴다면 가족의 행복과 펼쳐질 하루의 일과는 직장에서나 학교에서나 잘 풀려 나갈 것은 틀림없습니다.

아침에 눈을 뜨면서,

"신나는 아침이다!"

"와~! 희망의 아침이다. 정말 기분 좋구나!"

"으라차차!" 기합 소리와 함께 벌떡 일어나 경쾌한 음악을 켜고 스트레칭을 몇 번 한 다음 운동복으로 갈아입고 운동화 끈을 조이고 나가서 걷고 뛰거나 또는 콧노래를 부르며 가족을 위해 아침 식사 준비를 한다면 아름다운 아침은 이미 당신 곁에 와 있을 것입니다.

당신의 의식 속에 속상하거나 걱정, 불안 같은 생각을 지우고 자신감과 밝고 아름다운 생각의 씨앗을 심어야 합니다. 생기가 돌고 활력이 넘치는 아침에 아무런 도움이 안 되는 걱정으로 아름다운 아침을 망가트리지 말아야 합니다.

이 시간에 숨을 쉬고 살아있다는 사실 한 가지만으로도 우리인생은 감동 아닙니까.
누구나 신바람 나고 행복한 인생을 살아갈 권리를 가지고 있습니다. 그 결정은 당신의 몫입니다.

혹여 담배를 끊지 못해 새벽 담배로 독하고 끈적끈적한 시커먼 니코틴을 목도와 위장과 혈관에 바르며 아침을 시작하는 당신!
이런 저런 핑계를 대며 스스로 약속을 수차례 어기고 지금도 끊지 못하고 있습니까?
의지가 약한 탓에 담배 같은 것에 끌려 다니면 가족에게, 주위 사람에게, 본인에게도 독이 됩니다.

오늘! 지금! 가족에게 큰 선물을 주신다는 결단을 내리시고 온 가족이 30분만 더 일찍 부지런 떨면 만사가 여유롭고 아름다운 아침을 만들어 갈 수 있을 것입니다. 당신과 당신 가족의 아름다운 아침 출발을 기대합니다.

> 매일 매일 시작되는 아름답고 역동적인 아침!
> 희망의 날개를 활짝 펴고 힘 있게 나서야 합니다.
> 30분만 더 부지런 떨면 운명이 달라질 테니까…!

35
사람 선택의 방법

❋
· · · ·

관리 중에 사람 관리가 가장 어렵고 선택 중에 사람 선택이 가장 어렵습니다.

"열 길 물속은 알아도 한 길 사람 속은 모른다."는 말처럼 사람을 사귀고 사람을 소개시키고 사람을 믿는다는 것 등의 일들이 만만치 않습니다.

사람 선택 중에 인생에서 가장 중요한 것이 배우자 선택이지요. 옛날에는 당사자보다 부모나 집안 어른들이 선택을 해서 결혼을 했지만 요즘은 거의 다 당사자가 선택합니다.

껍데기에 노예가 되지 마라

그런데 요즘 서너 집을 지나서 한 집은 이혼한 집이라니 선택이란 참 어려운가 봅니다.

몇 개월 교제하다가 결혼한 사람도 있지만 10년을 교제하다가 결혼한 사람도 있습니다만 20년, 30년을 함께한 부부도 아직도 그 속을 다 모른다는 사람이 의외로 많습니다.

요즘 젊은 사람들은 쉽게도 사귀고 쉽게도 헤어지는 것 같습니다. 헤어지면 허전한 맘을 달래기 위해서인지 또 금방 사귀게 되는데, 그것이 습관이 되면 조금만 싫어져도 인내할 줄을 모르고 다른 사람에게 시선을 돌리기를 반복합니다.

그러다가 새로운 사람을 만나 의외의 적극적인 사랑을 받으면 '이 사람이 내가 원했던 사람이구나.'라는 생각으로 멈춰지고 결혼을 굳히는 경우가 많습니다.

필자는 젊은이들에게 〈마시멜로〉라는 책을 권하고 싶습니다. 너무 유명해긴 소설이라서 독자가 많겠지만, 이 글을 읽고 있는 분이 부모라면 아들딸에게 이 책을 선물해 주셨으면 합니다.

한마디로 요약한다면 "당장의 달콤함을 참아 내야 한다는 교훈"이라 할 수 있습니다.

청소년이나 젊은 층들의 교제가 코앞의 달콤한 맛을 쫓아가는 선택이 되지 않기를 바라는 것은 모든 부모들의 바램일 것입니다.

〈마시멜로〉는 미국 어린이들이 가장 좋아하는 과자입니다.

선생님이 어린이들에게 마시멜로를 내놓으며,

"선생님이 밖에 나갔다 올 테니 마시멜로를 먹지 말고 참고 기다리면 내가 돌아와서 한 개씩을 더 주겠다."고 했답니다. 그런데 대부분의 어린이들이 참지 못하고 마시멜로를 먹어 버린 것입니다.

훗날 이 어린이들이 성장한 후 조사를 해 봤더니 그때 먹고 싶어도 참으며 먹지 않았던 어린이가 학업 성적도 좋았고 인간관계도 좋고 성공적인 삶을 살고 있다는 조사 결과가 나왔답니다.

사업을 도모하기 위하여 사람을 소개받거나 아니면 공개 채용을 하게 되지요.

학력이나 경력을 주로 살펴보는 것이 기본이며 상식화되었습니다. 틀린 것은 아니지만 그보다 더 중요한 것은 인성(정직성, 부지런함, 화합력, 인내성 등)인데 겉으로는 보이지 않기 때문에 어느 기업에서는 관상학 전문가를 면접 시험장에 투입하기도 한답니다.

참으로 사람 선택은 매우 어려운 일이 분명합니다.

선택은 어렵지만 선택한 후에는 의심하지 말고 칭찬과 애정으로 대해 주는 일이 가장 중요합니다.

부부 관계는 말할 것 없고 사업 관계에 있어서도 마찬가지라 생각합니다만,

껍데기에 노예가 되지 마라

역으로 그런 것을 이용하여 해로움을 주고 떠나는 일이 발생한다면 그것은 선택한 사람의 복이 그뿐이라 생각하고 빨리 잊어버리고 방향을 바꿔야 할 것입니다.

반대로 사람 선택을 잘해서 쌍방이 사업도 좋아지고 결혼 생활도 행복하고 가세도 상승하는 경우도 많이 있습니다.

필자가 염려하는 것은 쉽게 선택하는 일이나 급하다고 조급하게 선택하는 일이 없기를 당부합니다.

특히 결혼을 앞둔 젊은이들에게 일러주고 싶은 것은,

결혼은 행복 자체도 아니고 연애기간 동안에 진행된 달콤함이 계속 될 수만은 없는 것이니 환상 속에서 판단하지 말기를 당부합니다.

〈구체적으로 사람 선택 방법의 예를 들면 - 습관이 가장 중요합니다.〉

* 매사 긍정보다 부정적 성격인가.
* 신경질을 자주 내는가.
* 술을 좋아하고 폭주도 하며 술주정을 하는가.
* 게으른 편인가.
* 늦게 자고 늦게 일어나는가.

* 미리 준비하지 못해 허둥대거나 조급한가.

* 거짓말을 하고 둘러대는가.

* 시간과 약속은 잘 지키는가.

* 예절은 있는가.

* 실수했거나 잘못한 일이 있을 때 시인하고 사과하는가.

* 외모는 단정한가.

* 인내심이 있는가.

* 작은 것이라도 소홀함이 없는가.

* 담배를 심하게 피지는 않는가.

등을 잘 관찰한 후에 중요한 결정을 해야 할 것입니다.

* 그다음은 가정환경과 주변 환경을 알아야 함이 중요합니다.

결혼 상대를 선택하려면 사주나 궁합 또는 점을 보는 것보다 위에 열거한 내용들을 꼼꼼히 살펴야 할 것입니다.

자칫 껍데기에 이끌려 진짜를 못 보는 우를 범하지 마십시오.

그러나 연애기간에는 이런 것들도 장점으로 보이거나 아무런 상관 없다는 식으로 이해하려 하겠지만 후일 돌이킬 수 없는 상황이 현실적으로 많이 일어나고 있음을 소홀히 넘기지 말 것을 당부합니다.

혼기에 찬 자녀를 둔 부모님들은 특별히 챙겨야 할 사항임을 명심하십시오.

습관은 두려운 것입니다. 위에 열거한 사항들은 직장 조직에서도 문제가 발생할 염려가 되는 좋지 않은 습관입니다. 학력과 경력보다 이런 문제를 중시하여 사람을 선택해야 할 것입니다.

그래서 직장 조직에서 인성 교육을 부지런히 실행하는 이유가 여기에 있는 것이겠지요. 필자는 인성 교육 분야에 30년을 보낸 것 같습니다.

36
잘사는 비법

*
. . . .

인생을 살아가면서 자의든 타의든 사람들은 많은 변화 속에서 살아가고 또 변화를 주려는 노력을 기울이며 살아왔을 것입니다.

그 변화 중에 중요하면서도 으뜸의 변화가 바로 「생활 속의 변화」라고 필자는 단정합니다.

사람들은 「건강해야지」라며 건강한 삶을 원하고 또 노력을 하면서 살아가지만 먹고 잠자는 것조차 규칙적으로 못 한다면 그 소원은 허상일 뿐입니다.

정말 「건강」을 갈구한다면 자신의 생활 습관 변화가 가장 중요한

껍데기에 노예가 되지 마라

것임을 망각하면 안 될 것입니다.

건강하려면 먼저 먹고 자는 습관이 일정하여야 할 것이고 적당한 운동도 시간을 정해놓고 매일 해야 하며 흡연과 음주는 가능한 삼가야 하고 일을 즐기면서 짜증내지 않는 생활, 웃음과 기쁨을 제조하는 하루하루가 되는 습관이 가장 중요한 일임은 다 아는 사실입니다.

그런 자기 생활 습관이 먼저 선결되어야 생활 속에서 「활력」이 솟구칠 것이고 그런 활력이 없으면 삶의 질은 떨어지게 되며 생의 목표에 대한 의식 또한 흐릿해질 수밖에 없습니다.

생각은 많고 마음의 각오는 수십 번, 수백 번 해 보고 또 해 보아도 가장 기본적인 생활 습관이 불규칙하면 「성취」가 없으며 「목표달성」도 희박하게 됩니다.

그 뿐 아니라 남의 탓과 핑계의 습성이 만들어질 수도 있으며 스스로의 불규칙 때문에 파생되는 「목표미달」이 「짜증」으로 바뀌게 될 수도 있을 것입니다.

자기의 생활 습관! 당신 인생에 절대적 승패 요인임을 명심하십시오.

작은 생활 습관이 당신의 인생을 결정합니다.

취침 시간도 없고 아침에 일어나는 시간도 없는 사람은 일이 없는 실업자이거나 자기 관리를 못 하는 게으름뱅이입니다.

그런 자가 성공을 말한다면 해가 서쪽에서 뜨게 되는 것이 분명합니다.

하루의 시작이 언제인지 계획도 없는 사람이라면 생의 의욕도 목표도 없는 자이며 그저 시간 속에 묻어 넘어 가는 인생입니다.

아침 출발! 그 시간만은 직장인이든, 사업가이든, 실업자이든, 철저히 지키고 출발하십시오!

만공 스님에게 제자가 물었습니다.

"스님, 잘산다는 것은 무엇입니까?"

"잠자고 싶을 때 잠자고 밥 먹고 싶을 때 밥 잘 먹는 것이지."

"에이 스님, 그런 것쯤이야 아무나 할 수 있는 거 아닙니까?"

그러자 만공 스님은 제자의 머리통을 쥐어박으며,

"네깐 놈이 잠자고 싶을 때 자고 먹고 싶을 때 먹을 수 있다고?"

제자는 쥐어박힌 머리통을 만지작거리며 한참을 생각하다가 그 의미를 찾았다고 합니다.

먹고 싶을 때 먹고 자고 싶을 때 맘대로 잘 수 있다면 참자유를 얻은 것이고 그것은 자기 삶에 거침없는 질서를 얻은 것이지요.

아무 때나 먹고 시도 때도 없이 아무렇게나 잠을 잔다는 의미가

　　　　　껍데기에 노예가 되지 마라

아니라 규칙적인 생활 습관이 자연스럽고 편안하게 실행되고 있음을 일러 주고 있음입니다.

현대인은 변비에 시달리는 사람이 의외로 많이 있는데 한마디로, 똥을 싸고 싶은데도 못 싸는 것이지요.

생활의 질서와 규칙이 편하고 자연스런 사람은 변비에 걸리지도 않으며 매일 아침 일어나면 자연스럽게 똥을 쌀 수 있을 것입니다.

변비는 생활 습관의 불규칙에서 그 원인이 가장 많은 것인데 먹는 것이 불규칙하고 자는 것이 불규칙하고 생활의 질서가 리듬 없이 파괴되는, 즉 육신적 정신적 불규칙이 그 원인이 되는 것입니다.

오늘 이후로 자고 먹는 것을 소홀히 하지 마십시오. 당신 인생의 리듬과 박자가 뒤틀리는 일이며 그것은 우주 질서의 리듬에 역행하는 것이 되는 일입니다.

이런 것이 별것 아닌 것쯤으로 알고 내팽개친다면 당신뿐만이 아니라 당신과 함께하는 가족에게도 리듬을 깨뜨리고 있음을 명심해야 할 것입니다.

책상 정돈이 안 되는 사람, 핸드백 속 정리가 안 되는 사람,
옷장 정리, 이불장, 신발장 정리가 안 되는 가정도 많습니다.
사회생활을 하면서 주고받은 명함 정리가 안 되어 핸드백 속이며

서랍 속이며 주머니 속, 지갑 속 등 여기저기 흩어져 있는 사람도 의외로 많고, 자신의 외모 정리는 잘하면서도 화장대나 그 서랍 정돈이 잘 안 되는 여성도 있습니다. 뿐만 아니라, 남성중에도 외모는 깔끔한데 양복 주머니 속은 의외로 너절한 것들이 들어 있는 사람도 있습니다.

자녀들 방에 들어가 보면 정리 정돈을 잘하는 아이보다 너저분하게 사용하는 아이가 더 많은 것도 흔한 일이지요.

모처럼 휴일 날에 샤워나 면도를 안 하고 집에서 뒹굴고 있으면 몸은 편한 것 같은데 기분이 찝찝하고 상쾌하지 못하며 오히려 피곤함이 느껴지는 이유를 알아야 합니다.

골목길을 걸을 때 청소가 잘된 곳을 걸으면 안정감이 있는데 담배 꽁초, 휴지, 개똥들이 나뒹굴고 있으면 얼굴이 찡그려지고 갑자기 어떤 범죄가 발생할 것 같은 기분을 경험했을 것입니다.

정리 정돈은 내 인생 깊숙이 영향을 미치고 있습니다.

한줄기 비가 지나가고 햇빛이 쫘악 비쳐지면 메마르고 거북했던 도심도 한가로운 평화의 마을이 된 듯한 느낌을 가지게 하지요.

그것은 바로 정리 정돈과 청소가 말해 주는 증거이고 내 인생을 깔끔하고 신선하게 하는 첫걸음이 정리 정돈과 청소에 있음을 소홀이 생각해서는 안 될 것입니다.

껍데기에 노예가 되지 마라

정리 정돈과 청소는 마음을 맑고 평온하게 만들며 정신적 건강은 물론이고 창조적 에너지가 발동하게도 되고 짜증과 조급증을 완화 시켜 주며 머리를 맑게 하고 업무 효율을 높여 주기도 합니다.

그래서 청소와 정리 정돈은 복을 끌어들인다는 것이 사실입니다.

생활 속의 작은 습관들을 가볍게 넘기지 말기를 당부 드리고 자녀 교육을 여기서부터 출발할 것을 권합니다.

37
꽃 한 다발의 마술

✳
. . .

어느 게으른 주부가 있었습니다. 아침밥을 먹고 가족들은 출근하고 학교에 가게 되면 주부 혼자서 방구석에 밀쳐놓은 이불 더미에 비스듬히 기대어 TV 아침 드라마를 세상 편한 자세로 보고 있었습니다.

그때 초인종이 울리자 주부는, "이른 아침에 누구야"하면서 귀찮은 듯 일어나 현관문을 열었는데 반가운 친구였습니다.

"아니, 이게 웬일이야. 이렇게 일찍."
그러자 찾아온 친구는 꽃 한 다발을 내밀며,

"잘 있었어? 지나던 길에 꽃 선물 주려고."

"아니 웬 꽃이야, 아무튼 들어와."

꽃을 받아든 주부는 친구 손을 잡아끌었으나 친구는,

"아니야. 나 지금 무척 바쁘거든, 약속이 있어. 또 보자구."하며 빠른 걸음으로 가 버리는 것이었습니다.

그 주부는 예쁜 꽃다발을 들고 안방으로 들어와

"가만있자, 이 예쁜 꽃을 어디다 두지…"

혼잣말을 하며 꽃을 화장대 위에 놓았습니다.

그리고는 아까 보던 연속극을 보기 시작했는데 TV 옆에 있는 화장대 위의 꽃이 자꾸만 신경이 쓰였는지 일어나 꽃다발을 들고는 "꽃병이 어딘가 있었는데…"하며 벽장 속을 뒤지기 시작했습니다.

이곳저곳 물건들을 뒤적거리며 겨우 꽃병을 꺼냈는데 꽃병 속에는 거미줄도 있고 쥐똥도 그 속에서 나왔습니다.

주부는 꽃병을 깨끗이 닦으려고 세면장에 들어가 보니 거울에 비누물이 튀겨 뿌옇고 칫솔이며 비누가 제자리를 찾지 못해 나뒹굴고 있었습니다.

주부는 꽃병을 깨끗이 닦은 후 세면장 청소를 하기 시작하였고 세면장은 금방 깨끗해졌습니다.

깨끗이 닦은 꽃병에 꽃을 꽂아 화장대 한쪽에 놓으니 기분이 좋아졌고 입가에 밝은 미소가 드리워졌습니다.

그런데 화장대 위의 화장품이 정리 정돈이 안 되어 제멋대로 놓여 어느 것은 뚜껑이 열린 채로, 어느 것은 옆으로 누워 있는 것도 있었습니다.

화장대 거울이며 바닥을 손가락으로 문지르니 먼지가 묻어났습니다.

주부는 화장대 위 아래로 걸레를 바쁘게 움직였고 서랍까지 정돈한 후에 꽃병을 놓으니 마음이 편안해졌습니다.

방구석에 쌓인 이불 더미를 치우고 방 청소와 그리고 응접실 정돈이며 부엌 설거지까지 해치웠고 주부는 콧노래를 부르며 내친김에 현관이며 신발장 속까지 정돈을 하고 나니 이마에는 땀방울이 맺혔습니다.

주부는 냉수 한 컵을 벌컥벌컥 마시고는 왠지 모를 기쁨과 뿌듯함을 느끼면서 혼자서 중얼댔습니다.

"이렇게 좋은 것을 내가 왜 지금껏 못했을까?"

「다시는 게으름으로 인생을 망가지게 할 수는 없다」는 다짐을 하고는 친구가 주고 간 꽃을 향해,

"이제부터는 너처럼 아름답게 살 거야."하고는 두 팔을 힘껏 내밀

껍데기에 노예가 되지 마라

면서 동시에 각오에 찬 큰 숨결이 일어났습니다.

그렇게도 게으름 피며 살았던 주부는 친구의 꽃 한 다발 선물에 엄청난 동기부여를 받고 변화를 일으킨 것입니다.

당신이 팀의 리더라면 팀원들에게 작은 것이라도 안겨 주어 동기 부여를 주고, 변화와 창조적인 삶을 할 수 있도록 신선한 무엇인가를 주는 자가 되어야 합니다.

가족들에게도 매일 아침 맑은 샘물처럼 긍정적이고 싱그러운 아침이 되도록 가족 누구라도 창조적인 선물을 주어야 합니다.

당신이 세일즈맨이라면 만나는 고객마다 「당신만 만나면 기분이 좋아지는」 그런 세일즈맨이 되어야 합니다.

당신이 경영주라면 언제나 신선한 희망을 조직원들에게 안겨 주는 자가 되어야 하고, 당신이 정치하는 사람이라면 믿음을 가지고 국민이 맘 편히 일을 할 수 있도록 해 줘야지 머리가 복잡하게 정치적 이해타산을 하게 만드는 술수는 행복을 방해하는 일이며 미래의 설계가 불가능한 일입니다.

이 책을 읽고 있는 독자님 당신은 누구에게라도 좋으니 동기부여의 꽃 한 다발을 줄 수 있는 준비가 되어 있기를 기대해 봅니다.

당신이 다른 사람의 마음에 변화를 줄 수 있다면 참으로 가치 있는 일이 될 것이며 그 순간 당신은 한 인생의 운명을 바꿔 놓는 마술사입니다.

38
관상(觀相)과 심상(心相)

　얼굴은 당신의 가장 중요한 간판이기에 성공하려면 얼굴 표정을
바꾸어 좋은 관상을 가져야 합니다.

　처음 보는 사람이라도 당신의 얼굴을 보면 기가 살아 있어야 하고
밝고 호감이 넘쳐야 당신은 성공의 문 안에 들어서게 될 것입니다.

　사람을 처음 만나면 얼굴을 바라보게 되는데 전문가가 아니라도
누구나 관상을 볼 수 있지요.

　첫눈에 '편안한 느낌이다.' '밝은 얼굴이다.' '선한 인상이다.'
'의욕이 넘치는 얼굴이다.' '기가 살아 있다.'는 등등 알아 볼 수 있

습니다.

반대로 '험상궂다.' '사기꾼처럼 보인다.' '배고픈 상이다.' '외로워 보인다.' '얼굴에 기가 없다.' '딱딱한 상이다.' '천박스럽게 보인다.' 등등 당신도 관상을 볼 수 있는 마음과 눈을 가진 것입니다.

그렇다면 인간관계가 성공의 절대 요소인데 '상대방에게 내 모습이 어떻게 비춰지고 있을까?'가 가장 중요한 성공 요소임이 분명합니다.

좋게 비춰졌다면 접근하는 데 힘들지 않을 것이나 '별로 좋은 인상이 아니다.'라고 상대가 생각한다면 접근부터가 어렵습니다.

얼굴의 상(相)은 태어날 때부터 가지고 태어나기도 하지만 후천적인 학습(훈련)이나 환경 여건(토양, 기후, 환경 등에 영향을 받으나 수양에 따라 변화됨을 말함)에 따라 얼굴의 모양, 표정이 변화될 수 있는 것입니다.

공부를 많이 한 스님이나 목사님들의 얼굴을 보면 편안하고 보름달처럼 환한 얼굴이며 만면에 듬직한 미소가 흐름을 볼 수 있습니다.

당신의 상은 어떤 모습인지 거울을 들여다보고 만약, 마음에 들지 않는다면 훈련해야 하지만 하루 이틀에 되는 것은 아닙니다.

거울 앞에서(세면장에 갈 때마다 아니면 틈날 때마다) 행복한 미소를 지어 보고 기가 살아 있는 표정을 지어 보십시오.

껍데기에 노예가 되지 마라

당신의 결단력만 있으면 가능하며 시간 투자도 금전 투자도 필요 없습니다.

'오늘은 웃자. 넉넉한 표정을 지어보자. 딱딱한 얼굴을 부드럽게 만들어 보자. 웃으며 내가 먼저 인사하는 훈련을 해 보자.'

잘생긴 얼굴은 선천적으로 큰 복을 가지고 태어났지만 후천적인 노력(학습)으로 표정은 변화됩니다. 잘생긴 얼굴보다도 중요한 것은 밝고 믿음직한 표정임을 알아야 합니다.

예쁘게 생겼거나 미인형 얼굴이라도 신경질적인 표정이거나 미소가 없고, 딱딱한 얼굴 표정이라면 가까이하고 싶지 않은 사람입니다.

당신의 얼굴 상(相)은 당신이 만들 수 있으며 그것은 당신의 뇌 속에 무엇을 담았느냐가 근본적 문제입니다.

바른 생각, 따뜻한 생각, 남을 이해하는 생각, 긍정과 적극적인 생각, 자신감, 과다한 욕심을 갖지 않는 생각, 남을 미워하는 생각을 버리고 사랑하는 생각들을 뇌 속에 담고 웃는 모습과 훈련을 계속할 때 당신은 모두가 좋아하는 관상(觀相)을 갖게 될 것입니다.

조급함에서 넉넉한 생각으로 바꾸면 뇌는 당신에게 밝고 넉넉한 표정을 명할 것입니다.

그 명령을 받아 행동으로 나타내기 직전에 「마음」이라는 그릇에 담겨져 한 번 더 정제되어진 다음에 행동이라는 출구로 옮겨지게 되어 있습니다.

「마음」의 그릇은 인간의 가슴 쪽에 있으며 심장의 박동과 함께 움직이고 거짓말을 하게 되면 심장박동이 정상적으로 뛰지 않아 타인은 느끼지 못한다 해도 자기 스스로는 느낄 수 있는데 이것을 「양심」이라고 하는 것입니다.

"가슴으로 느껴라"는 말은 바로 마음이란 가장 소중한 그릇이며 그 양심 씀씀이에 따라 각자의 품격을 알아 볼 수 있는 잣대가 되는 것입니다.

"표정을 잘 관리하라"는 말은 마음 관리를 잘하라는 뜻과도 같은 것이며 마음이 허약한자는 얼굴표정도 나약하게 보여 얼굴에 기가 없으니 사람이 따르지 않으며 사람이 따르지 않으면 인간관계가 어렵고 사업 성공 또한 불가능합니다.

당신이 세일즈맨이라면 얼굴 표정에 기를 담아야 합니다. 그러려면 「마음」을 먼저 다스려야 하고 마음을 다스리려면 뇌 속에 긍정적이고 적극적인 생각으로 채워 넣어야 합니다.

당신의 웃는 얼굴은 당신 내부에 감춰진 마음의 모양이 그대로 표

껍데기에 노예가 되지 마라

출되는 것이고, 타인은 당신의 얼굴 표정을 보면서 당신의 속마음까지도 평가한다는 것을 알아야 합니다.

당신 성공의 첫 번째 열쇠가 얼굴 표정에 있을진대 표정 관리 훈련에 소홀하면 당신이 원하는 것을 얻기가 어렵습니다.

당신 인생을 좌지우지할 얼굴 표정!

웃는 얼굴로! 넉넉한 얼굴로! 기가 살아 있는 자신감 넘치는 얼굴로! 바꾸고 출발한다면 당신은 모든 사람에게 호감을 받게 되고 이미 성공의 티켓을 거머쥔 것입니다.

모든 것은 당신의 마음이 결정해 주는 것이고 얼굴은 단지 그 출구에 불과하며 해답은 당신의 심상(心相)에 있음을 잊지 마십시오.

39
의미 요법(로고테라피)

꘠
● ● ●

빅터 프랭클(Viktor Frankl : 1905년 3월 26일~1997년 9월 2일)은 오스트리아에서 태어난 유태인으로 2차 세계 대전 때 나치 수용소인 아우슈비츠 수용소에 갇혔다가 살아남았습니다.

신경정신과 의사였던 그는 세계 2차 대전 때에 단지 유태인이라는 이유로 1942년 부모님과 아내, 형제, 친구들과 함께 기차에 실려서 아우슈비츠 강제 수용소로 끌려갔습니다.

그곳에 도착하자마자 모두 뿔뿔이 흩어졌고 결국 가스실, 굶주림, 질병 때문에 모두 죽고 말았습니다.

껍데기에 노예가 되지 마라

빅터 프랭클은 책으로 내려고 했던 소중한 원고들을 독일군에게 빼앗기고 언제 죽음의 가스실로 끌려가게 될지 모르는 공포를 겪으며 몹시 절망해 있었습니다.

그때 누군가가 「빅터 프랭클」이 입을 죄수복을 건네주었는데 그 옷 안에는 작은 종이쪽지가 있었습니다.

그 종이쪽지에는,

"진심으로 네 영혼과 힘을 다하여 하나님을 사랑하라."는 구절의 말씀을 보는 순간 빅터는 무슨 일이 닥치더라도 열심히 살아서 하나님이 주신 삶의 목적을 찾아야겠다고 결심했던 것입니다.

그리고 인간으로서 존엄성을 잃지 않고 살기 위해 노력했는데, 당시 아우슈비츠에 갇힌 유태인들은 견디기 힘든 중노동을 하면서 제대로 먹지 못하는 것은 물론이거니와 씻을 물은 아예 없고 마실 물조차 얻기 어려운 생활을 했습니다.

하지만 「빅터 프랭클」은 하루에 한 컵씩 배급되는 물을 받으면 반만 마시고, 나머지는 세수를 위해 아껴뒀다가 유리조각으로 면도까지 했다고 합니다.

턱없이 부족한 물로 세수를 하려니까 깨끗하게 되지 않는 데다 유리에 베이기도 했는데 그럼에도 불구하고 몸 씻기와 면도를 게을리하지 않았습니다. 그리고 결코 낙담하거나 절망적인 말을 입에 담지 않았습니다.

　다른 유태인들은 가축우리처럼 지저분한 숙소에서 병약해진 몸으로 희망을 잃은 채 마치 동물처럼 살아가고 있었지만 「빅터 프랭클」은 인간이기를 포기하지 않고 자신감을 갈고 닦으며 희망을 다져갔습니다.

　그 덕분에 다른 유태인들보다 건강하고 깨끗해 보여서 죽음의 가스실로 붙들려 가는 것을 면할 수 있었고 끝까지 살아남아서 1945년 4월 「히틀러」의 자살로 인하여 아우슈비츠에서 해방될 수 있었습니다.

　언제 죽을지 모르는 두려운 상황 속에서, 인간이 살아갈 수 없는 지독한 환경에서도 「빅터 프랭클」은 긍정적인 마음가짐을 잃지 않는 태도를 선택했고 결국 2차 대전이 끝난 후 로고테라피(logotherapy : 의미치료)라는 심리 치료 이론을 만들어 많은 사람들에게 도움을 주는 훌륭한 의사가 되었습니다.

　생사의 엇갈림과 죽음의 고통 속에서도 삶의 의미를 잃지 않고 인간존엄성의 승리를 보여 준 「의미요법」은,
　살아가야 할 이유가 있는 사람은 어떠한 고통의 방식에도 견딜 수 있다는 「빅터 프랭클」의 논리입니다.

　　　　　　　　　　　　껍데기에 노예가 되지 마라

인간이 고통과 불행을 겪을수록 그것의 가치는 헛되지 않으면서 삶의 의미는 그만큼 더 깊어진다는 낙관적 믿음인 것입니다.

나치 수용소에 있는 사람들 대부분은,
"내가 살아날 기회는 이제 없다."라며 절망했지만 빅터는 한 번의 기회와 한 번의 도전이 더 남아 있다고 믿었고 고난을 극복해 냄으로서 자신의 삶을 내면의 승리로 변화시킬 수 있었습니다.

자신의 미래에 대한 믿음을 상실한 대부분의 수감자들은 정신력을 잃었고 파멸되었던 것입니다.
자신의 삶에서 더 이상 어떤 의미도 찾을 수 없는 사람은 목표도 없고 목적도 없으니 계속 살아봐야 아무 소용도 의미도 없으며 그런 사람은 곧 죽음에 이르게 된다는 것이 「빅터 프랭클」의 이론인 것입니다.

우리들에게 정말로 필요한 것은 삶에 대한 태도를 근본적으로 변화시키는 것이라는 것입니다.
"우리는 삶의 의미에 대하여 질문하기를 멈추고 자신이 삶으로부터 끊임없이 질문을 받는다."고 생각하라며,
"우리들의 대답은 말이나 생각이 아니라 올바른 행동과 처신이다."라고 말했습니다.

그리고 「빅터 프랭클」은,

"삶의 의미란 고통 받고 죽어 가는 모든 것들을 두 팔 벌여 껴안아야 한다. 고통에 등 돌리지 말고 하나의 과업으로 받아들이면 그 속에 성취할 기회가 숨겨져 있음을 깨닫게 된다."라고 했습니다.

그리고 그는,

"성공을 목표로 삼지 말라. 성공이란 행복과 마찬가지로 추구해서 얻어지는 것이 아니다. 그것은 훌륭하고 보람 있는 일에 헌신함으로서 또는 다른 사람에게 자신을 내어 줌으로써 얻어지는, 의도되지 않은 부산물일 뿐이다."라고 말했습니다.

「빅터 프랭클」이 감방 생활을 함께하는 사람에게,

"여보세요, 선생. 그렇게 고문당하고 못 먹고 못 자고 짐승만도 못한 삶을 하면서도 인생이 살 가치가 있습니까?"라고 질문하자,

"이보시오, 선생! 이보다 백 곱, 천 곱 더 고통스러운 일이 있다 해도 인생은 살아야 할 가치가 있습니다. 인생은 어떤 경우라도 NO가 아니라 YES입니다."라고 목청을 돋우어 말했다는 것입니다.

우리는 어떤 어려운 상황 속이라도 삶의 의미를 찾아야 합니다. 희망을 놓지 말고 목표를 가져야 합니다. 사방이 고통이어도 위쪽 하늘을 보면 뻥 뚫리어 있고 하나님이 손을 잡아주시고 길을 열어주실 것입니다.

앞날에 대한 희망을 버려서는 아니 됩니다. 죽기 전에 할 일이 있음을 찾아서 의미 있는 삶을 만들어 내야 합니다.

"삶의 의미를 찾아 멈추지 말고 출발합시다."
나이는 전혀 관계가 없습니다.

40
교육자와 리더의 사명

✳
. . .

할 일이 없거나 목표나 계획이 없으면 시간이 지루하고 재미가 없게 되지요. 삶에 생기나 의욕이 상실되기도 합니다.

그런 상황이 오래 지속이 되면 우울 증세도 나타나는데 그 우울 증세가 깊어지면 삶에 의미를 잃어 가고 자기비하와 함께 심하면 자살하는 경우가 있습니다.

하루 동안에 자살하는 수가 42명을 넘는다고 하니 심각한 사회 문제입니다. 또한, 청소년은 따돌림, 노인은 외로움 때문에 살기를 포기하는 주된 원인이 된다는 것인데 우리들 모두가 노력하면 이 문

껍데기에 노예가 되지 마라

제를 어느 정도 해결할 수 있을 것입니다.

<u>스스로에게 자문해 봅시다.</u>

* 나는 삶의 목표가 있는가?

* 나는 삶에 의미를 분명하게 말할 수 있는가?

* 나는 외로운가?

* 나는 동료나 주위 사람들에게 따돌림을 받고 있는가?

* 나는 위의 물음에 대한 해결책을 찾기 위해 어떤 노력을 하고
  있는가?

* 혼자서 해결이 어려우면 누군가의 도움을 요청하고 있는가?

* 누군가에게 도움을 요청하기가 부끄럽고 자존심이 상하는가?

* 도움을 받거나 시간이 약이라는 사실을 알고 있는가?

* 조급하거나 당황하거나 스스로의 존재를 가치가 없다고 단정하
  거나 더 이상 방법이 없다고 생각한 일이 있는가?

* 자신에게 허약하다고 생각되는 점을 강하게 만들어 보겠다는
  마음을 가져 본 일이 있는가?

* 생각이 나를 허약하게 만들고 있다는 사실을 인정하는가?

* 두 주먹을 힘껏 쥐고 "나도 강해질 수 있다"고 맘먹은 일이 있
  는가?

* "나도 할 수 있다"라고 강한 생각을 해 본 일이 있는가?

* 나는 이제 어제의 내가 아니라고 생각하는가?

* 나는 무슨 일이든 긍정적이고 적극적으로 생각하고 실천 할 수 있는가?
* 지난날의 내가 부정적이고 소극적이며 뒤에서 방관자 역할만 한 것을 인정하고 이제 앞줄에 앉을 것이며 당당한 목소리로 말할 수 있는가?
* 이제부터는 과거의 나처럼 마음이 허약하여 고민하는 자들에게 관심과 애정을 가지고 친구가 되어 주고 적극적으로 도움을 주는 자가 될 것인가?
* "그렇다. 그렇게 할 것이다. 나는 강한 리더가 될 것이다."

관심과 사랑 그리고 구체적인 대책을

가정에서는 가족의 리더가 화목함을 만들기에 힘쓰고 가정 식탁에서 가족이 함께 밥 먹는 환경이 되돌려져야 하며 한 달에 한두 번쯤 가족이 함께 소풍가는 시간을 갖도록 한다면 만사가 형통할 것입니다.

학교에서는 함께하는 프로그램을 만들고 활동적인 학습을 자주 해야 할 것입니다.

또한 지도 교사는 수시로 개인 면담을 하고 소통의 역할에 힘써 준다면 만사가 형통할 것입니다.

직장에서도 활기찬 직장 만들기 프로그램을 개발하여 직장에 머무는 시간이 신바람 나도록 만들어 주는 경영주가 된다면 업무 효율은 자동적으로 높아질 것이며 만사는 형통할 것입니다.

  가정, 학교, 직장, 자치 단체와 정부 모두가 조금만 맞들어 준다면 살기 좋은 사회, 대한민국이 될 것입니다.
  그 바탕 위에서 3만 불, 4만 불 시대로 상승할 때 흔들림이나 사회 갈등이 줄어들 것이고 그래야 경제도 안정세로 지향할 것입니다.

  그래야 자살률도 감소될 것이며 삶의 질과 가치가 높아지고 각 분야별 소통과 통합도 순조로울 것입니다.
  또한, 한국 정치도 이념 대립이나 전혀 불필요한 반대를 위한 목청도 줄게 되고 질 높은 수준으로 상승될 것을 믿습니다.
  국가 미래나 인간의 삶의 질과 행복은 경제에서보다도 좋은 교육에서부터 일어남을 인정하는 토양이 될 때 살 만한 사회와 국가가 만들어진다는 것을 확신합니다.

  백년, 천년을 잘살려면 교육에 투자해야 합니다.
  그렇다고 요즘처럼 학업 성적이나 순위 경쟁, 취직 시험, 돈 잘 버는 교육이나 여러 개의 학원에 많이 보내는 교육으로 치닫고 투자하는 현상은 기형의 결과를 초래할 것이며 백년대계가 되지 못합니다.

밥상머리 교육부터 다시 시작하여 사람 교육에 치중하고 팀웍 훈련으로 공동체 생활의 아름다움을 일깨우고 미래 50년, 100년, 천년 후를 생각하는 교육으로 지향해야 합니다.

껍데기에 집착하지 않는, 그리고 그것을 모두 알아차릴 때 사람 사는 화목하고 가식 없는 웃음의 사회가 될 것입니다.

그렇게 되도록 교육자나 리더는 독하게 맘먹고 이끌어 줘야 합니다. 사명감으로…!

껍데기에 노예가 되지 마라

41
야네브 마을

✳
∴

예루살렘은 로마군에 의해 초토화되었습니다. (AD 70년 9월 8일)

그때에 유대인의 지도자요, 대학자인 「벤자이카」는 로마군 총사령관 「베스파시아누스」의 앞에 나가 무릎을 꿇고,

"황제 폐하! 예루살렘 성을 무너뜨리고 성전을 파괴해도 좋으나 「야네브 마을」만은 파괴하지 말아 주시기를 간청 드립니다."

로마군 총사령관은 '황제 폐하'라는 호칭도 싫지 않았고 야네브 마을이 어떤 마을이며 뭐하는 곳인지 몰라 부하에게 물어보니 "별것 아닌 조그마한 마을"이라는 부하의 대답에 별로 신경을 쓰지 않았습니다.

그런데 그때에 황급히 전령의 소식을 전하는 보좌관이,

"사령관님, 급보입니다. 조금 전 네루 황제가 숨을 거두었는데 원로회의에서 사령관님을 황제로 추대했답니다."

보고를 받은 「베스파시아누스」는 흡족해하며 유대인 대학자 「벤자이카」의 요청을 쾌히 승낙하였고 「야네브 마을」은 파괴하지 말라는 명령을 내렸던 것입니다.

「야네브 마을」은 랍비들의 생활 터였고 신앙 교육의 요람이었습니다. 그곳에서 그들은 신앙 교육과 정신 교육으로 더욱 단단해졌고 미래 희망을 저버리지 않았던 것입니다.

예루살렘이 초토화되면서 110만 명이 죽었고 9만 7,000명이 포로가 되었습니다.

1943년이 지난 오늘날, 유대인은 세계인의 주목을 받고 있으며 무시무시했던 로마 제국과 칼날은 세상에서 자취를 감췄습니다.

교육을 중시했던 유대인들은 번성하고 폭력을 휘둘렀던 로마 제국은 멸망했습니다.

패배를 통하여 유대인들이 터득한 교훈은 '외부의 힘에는 질지라도 자기 자신에게 지면 안 된다'는 것입니다.

다른 민족들이 남의 영토를 탐내어 정복하기 위한 전쟁에 몰입하

껍데기에 노예가 되지 마라

는 동안 유대인들은 자신을 정복하기 위해 아픔을 이기며 노력해 왔습니다.

그들은 패배하거나 어떤 역경에 처할지라도 내적인 신을 잃지 않았습니다.

내적인 것이란 그들의 문화이며 교육이고 가족의 단결과 민족의 단결인 것입니다.

유대인의 인구는 전 세계 인구의 약 0.2%인 약 1,500만명 인데 노벨 수상자의 30%가 유대인이라고 합니다. 미국의 유대인은 전체 인구의 2%인 560만 명에 불과한데 미국 400대 재벌 중 23%가 유대인이고 맨해튼 빌딩 주인의 40%, 미국 대학 교수 중 30%, 뉴욕 중고등학교 교사 중 50%, 뉴욕 의사의 과반, 미국 법조계 변호사들 중 20%가 유대인이라고 합니다.

미국 대학 교수 중 30%, 프린스턴 대학의 총장 및 주요 책임자 90%, 아이비리그 교수진의 약 40%, 하버드 · UCLA 의대 및 법대 교수의 50%, 상위 15개 대학의 21%의 학생이 유대인이라고 합니다.

미국 3대 방송사와 할리우드 5대 메이저 영화사를 장악하고, 미국 50대 기업 중 17개가 유대인이 설립한 기업이라고 합니다. '타임지'가선정한 20세기에 온 인류에게 영향을 미친 사람 중, 과학에서 아인슈타인, 사상에서 칼 마르크스, 심리학에서 프로이트, 진화론의 찰스 다윈을 선정했습니다. 이 중 다윈만 빼고 다 유대인입니다.

마이클 샤피로가 지은 세계 역사 속에 영향을 미친 [유대인100인]에 의하면, 이들 뿐 아니라 세계적 지휘자 「번스타인」, 국제 외교가 「키신저」, 영화감독 「스필버그」, 스트렙토마이신 발명가 「젤만 왁스만」, 페니실린 발명가 「어네스트 B 체인」, 뉴욕타임스 발행인 「설즈버거 주니」, 억만장자 「소로스」 등 많은 유대인들이 있습니다.

2,000여 년 동안 갖은 학대와 고통을 당한 유대인들이 어떻게 해서 이렇게 뛰어난 인물들이 많이 나왔을까?

스탠포드대학 심리학자 「젠센」은 유대 민족의 지적 능력이 다른 민족에 비해 우수한 것은 아니라고 밝혔습니다. 흑인만 조금 지능이 떨어지고 그 외의 민족들은 비슷하다는 것입니다.

그는 신앙이 바로 성공의 비결이라고 말합니다. 이는 지력, 심력, 체력 중에 심력의 차이가 있다는 것이고 정의적 부분이 뛰어나며 자아개념, 집중력, 고난에 대한 인내력 등이 뛰어나다는 것인데 성공 이유를 요약하면-,

첫째가 신앙 교육이 성공의 핵심이 되었고,

둘째가 질문과 토론 교육이며,

셋째가 독서이고,

넷째가 올바른 습관 훈련이 성공 요인이 되었으며,

다섯째 교육의 가장 중요한 교사는 부모이고 교육 장소는 가정이
라는 사실입니다.

우리는 지금 무엇이 필요하고 무엇을 준비해야 하며 무엇 부터
시작해야 할 것인가! 함께 고뇌하고 머뭇거림 없이 바로 출발해야
할 것입니다.

세계인 중에 유대인이 우수하다는 과학적 근거는 없습니다. 다만
교육 방법이 우수할 뿐이며 한국인이 유대인보다 우수한 민족이지
만 교육 방법과 화합력 부족이 문제점으로 보입니다.

그러나 한국인에게는 기적을 만드는 저력이 있음을 필자는 믿습
니다.

42
박물관에 걸린 그림

✳
. . .

어느 박물관에 특이한 그림이 걸려 있었습니다. 한 젊은이가 한참 그 그림을 뚫어지게 바라보고 있었습니다.

그 그림은 악마와 사람이 장기를 두는 모습이었는데 악마가 "장군!"을 부르고 있었고 사람은 쩔쩔매고 있는 모습의 그림이었습니다.

한참 그림을 보고 있던 젊은이가,

"아니야! 이것은 안 돼! 악마가 어떻게 장군을 부를 수 있어!"라며 소리를 질렀습니다.

그러자 사람들의 시선이 집중되었고 박물관 관리 직원들이 뛰어나와 젊은이를 밖으로 끌어냈습니다.

그런데 조금 있자 그 젊은이는 다시 들어와 그 그림 앞에 다시 서서 뚫어지게 바라보다가,

"안 돼! 왜 인간이 악마에게 당하고 있는 거야!"라며 또 소리를 쳤습니다. 그러자 처음보다 많은 사람들의 시선이 쏠리었고 박물관 관리 직원들은 젊은이를 또다시 끌어냈습니다.

얼마 후에 젊은이는 또다시 들어와 악마가 장군을 부르는 그림 앞에 섰습니다. 한참을 보고 있던 젊은이는,

"아니야, 잘 보라구! 분명 한 수가 있어! 악마를 이길 수 있는 한 수가 분명 있다구!"하며 큰소리로 외치자 박물관에 온 사람들이 그 그림 앞에 모여들기 시작했습니다.

젊은이를 에워싼 사람들도 그 그림을 뚫어지게 바라보고 있다가

"그래, 맞아, 한 수가 있긴 있어."라며 웅성거리기 시작하였습니다.

"악마에게 인간이 쩔쩔매는 것이 말이 안 돼! 잘 보라구! 한 수가 남아 있어! 분명 이길 수 있잖아!"라는 젊은이의 확신에 찬 말에 함께 그림을 보고 있던 주위 사람들이,

"맞아, 맞다 구, 이길 수 있어."라며 동조하기 시작했고 누가 먼저랄 수 없이 박수 소리가 터져 나왔습니다.

그 그림은 〈장군!〉이라는 이름으로 박물관에 걸려 있는 그림입니다.

독자님께서는 무엇을 생각하고 무엇을 느끼셨습니까?

분명 우리 인간은 악마로부터 이겨야 하고 이길 수 있습니다. 이길 수 있으려면 그런 능력을 갖춰야 할 것이고 능력을 갖추려면 준비해야 합니다.

준비는 때가 있는 것이 아니라 항상 깨어 있고 항상 준비해야 할 것입니다.

내 영혼에 악마가 끼어들 틈을 주지 않으면 우리는 승리하는 삶이 되지 않겠습니까.

43
인생 삼진법

✳
. . .

역사는 우리에게 엄숙한 질문을 할 것입니다.

"당신은 무엇을 남겨놓고 갑니까?"

항상 그 물음에 답을 생각하며 살아야 합니다.

대부분의 사람들이 환갑 나이가 지나면 스스로 노인이 된 듯 생각이나 말을 자주 하는 것을 보게 됩니다.

"이제, 뭘–."

그러면서 '욕심을 버리고 살라' '지나고 보면 다 물거품처럼 허망한 것', '구름 가는 대로, 바람 부는 대로…' 등등의 카톡 문자가 많이 들어오고 '등산이나 가자구', '손주 보는 낙으로 살지 뭐'하는 친구들이 많이 늘어납니다.

욕심을 버리지 마십시오. 욕심이 살아있어야 세포가 살아 움직이고 에너지가 발동합니다.

나이가 좀 들면 '욕심을 버려라'는 말뜻을 모르는 바는 아니지만 그것으로 성숙되고 성인이 된 것 같은 착각을 경계해야 합니다.

자칫 게으름과 나약함에 빠져 중요한 후반전 인생을 허무하게 낭비하고 있는 것은 아닌지 철저히 살펴야 하고 도전의식은 숨 거두기 전까지 가져야 합니다.

숨만 쉬고 사는 것은 삶이 아니며 도전의식과 행동력이 멈춰버렸다면 죽은 인생과 같은 것이며 흙 속에 묻히는 것은 완전히 끝나 버린 인생입니다.

앞으로 90수로만 보아도 30년 이상의 세월이 남아있는데 30년 프로그램을 어떻게 만들고 있는지 궁금 반, 걱정 반입니다.

필자는 인생을 90수로 보고 3진법으로 분류한답니다.

1. 인생 준비 기간(초반) 30년 - 초, 중, 고, 대, 군대 생활(남), 취직, 결혼까지 30년의 기간이 소요됩니다.
2. 인생 훈련 기간(전반) 30년 - 직장 생활, 사업, 세상 체험, 자

껍데기에 노예가 되지 마라

녀 양육, 고통 체험 등의 기간입니다.

3. 인생 완성 기간(후반) 30년 – 자기실현 기간, 정리 기간이 될 것입니다.

위의 분류 중에 가장 중요한 인생 기간은 당연히 후반 30년일 것입니다. 그러니 61세부터가 진짜 값진 인생을 펼칠 수 있는 중대한 기간이지요.

전반전 30년 기간에 아무리 잘살았고 높은 직위를 가졌었다 해도 후반전 30년이 불행하다면 실패한 인생입니다.

반대로 전반 인생 동안 힘들고 고통이 있었다 해도 후반 인생 속에서 건강하고 자기실현을 할 수 있다면 성공한 인생이 될 것입니다.

자! 60대에 접어든 분들이여! 인생은 지금부터입니다. 힘내십시오. 지금부터 시작입니다.

"내가 할 수 있는 일을 찾아서 아직도 몸 안에 남은 값진 에너지를 다 쓰고 가자"라고 외쳐 봅시다.

'인생의 가치는 내가 무엇을 했느냐가 아니라 지금 어디를 향해 가고 있느냐'로 결정되어집니다. 에너지가 남아 있는 한 도전을 멈추지 않아야 가치가 있습니다.

무엇인가를 하며 산다는 것은 그냥 살아 있다는 것과 하늘과 땅만큼 다름을 알아야 합니다.

44
삶의 다섯 가지 자본

✳
• • •

1) 시간의 자본입니다

누구나 하루 24시간을 가지고 살아갑니다. 어떤 사람은 시간이 부족하다며 발을 동동 구르고 어떤 사람은 시간이 남아 지루하게 하루를 보내기도 합니다.

어떤 이는 향락을 쫓아 시간을 보내고 어떤 이는 생존을 위해 비지땀을 흘리기도 합니다.

어떤 이는 둥글게 시간을 쓰고 어떤 이는 네모나게 쓰고 어떤 이는 부드러운 솜처럼 시간을 활용하여 사람들에게 편안함을 주지만 어떤 이는 가시처럼 시간을 활용하여 사람들에게 아픔을 주기도 하지요.

누구에게나 살아 있는 동안은 '시간'이란 자본을 가지고 있습니다. 대부분의 사람들은,

"내가 10년만 젊었어도…"

그 말을 40대에도 했고 50대에도 60대에도 70대에도 계속 해오며 살아가는 사람이 많습니다.

독자님께서 지금 60대라면 10년 젊기를 바라지 말고 목표를 세우고 10년 후 70세가 될 때 까지 세웠던 목표 달성을 위해 땀을 흘려 보지 않으렵니까?

60세 된 분에게 물어보십시오.

"당신이 10년 젊어져서 지금 50이라면…?" 그러면 십중팔구는 쇳덩이라도 씹어 삼킬 수 있다고 답할 것이고 무엇이든 자신감 있게 할 수 있다고 할 것입니다.

시간이란 거꾸로 돌릴 수도 없는 것을 괜한 망상을 걷어 버리고 지금 시작하면 10년을 앞당길 수 있음을 인정하십시오.

이 글을 읽는 독자님께서 30대라면 60의 절반을 이미 살았습니다. 30년의 세월을 값있고 의미 있게 보낸 사람도 있고 뒤돌아보니 후회되는 시간을 보낸 사람도 있을 것입니다.

하지만 지금 30년이 지났듯이 앞으로의 30년도 빠르게 간다는 사실을 인정한다면 각자에게 주어진 시간을 어찌 소홀이 할 수 있겠습니까?

껍데기에 노예가 되지 마라

30대의 젊은이들이여! 움직이십시오. 무엇이든 부지런히 하십시오. 일의 실패는 문제가 아니며 시간을 낭비하고 게으름 피고 겁내하며 망설이는 것이 문제입니다.

인생 전반전 30년(31세-60세)은 부딪치고 자빠지고 깨지고 아픔을 경험해야 다이아몬드보다 더 아름답고 단단한 인생이 될 것입니다.

그래야 인생 후반 30년(61세-90세)에 넉넉하고 귀한 보물 인생을 만날 수 있을 것입니다.

시간은 멈추지 않는 특성이 있으며 남에게 꾸어 주거나 꾸어 받을 수도 없는 특성이 있습니다. 나에게 가장 소중한 동반자요. 생명이며 자본입니다.

그 자본을 사용하지 못하거나 잘못 사용하면 자기 인생은 쪼그라들고 자칫 남의 인생에까지 피해를 줄 수도 있음을 알아야 합니다.

아직은 나에게 시간이란 자본이 남아 있음은 살아 있다는 것이요. 살아 있음은 큰 축복입니다.

나에게 주어진 귀한 시간의 자본을 지금까지보다 더 값지게 활용하여 아름다움을 창조하고 자신의 인생과 만인의 인생에 기쁨을 선물하십시오.

2) 정력의 자본입니다

정력이란 에너지이고 기(氣)이며 힘(力)입니다.

우리 몸 안에는 누구나 정력이란 자본을 많든 적든 가지고 있습니다.

그 정력을 어디에다 어떻게 활용하느냐에 따라 생의 가치가 결정됩니다.

성공을 위해서 비지땀을 흘리는 사람, 운동 경기에서의 승리를 위한 투혼, 국가의 미래를 위한 각종 연구에 몰입하며 창조해 내는 사람들, 자기실현을 위해 몸부림치는 사람들 모두가 자신 안에 있는 에너지의 발산인 것입니다.

청소년기에는 학업에 정력을 쏟고 장년기에는 직장이나 사업에 정력을 쏟고 특기자는 특기 실현에 모든 정력을 쏟아낼 때 아름답고 가치가 있습니다.

그런 에너지를 거꾸로 사용하는 사람이 있다면 가족에게 고통을 주고 이웃 사람들에게 불편과 아픔을 주며 사회나 국가에 피해와 혼란을 주는 사람일 것입니다.

"이제 나이가 들어서 정력이 없다"는 생각은 기(氣)와 혈(血)의 통로를 스스로 막아 버리는 일입니다.

정력은 활용할수록 더 강건하게 될 것이고 체념하고 활용을 소극적으로 하면 세포는 쉽게 노쇠 되어 기력이 허약해질 것입니다.

껍데기에 노예가 되지 마라

내 몸에 남아 있는 에너지를 최대로 활용하여 도전과 창조의 기쁨을 공유할 수 있기를 기대합니다.

당신의 남아 있는 정력! 귀한 당신 인생의 자산이며 마지막 결승점을 승리로 이끌 에너지임을 잊지 마십시오.

3) 체험 경력의 자본입니다

체험 경력이란 학력이나 직장의 직위 경력과는 다릅니다. 지식은 책에서 얻지만 지혜는 스스로의 생활 체험에서 얻어지듯 체험 경력은 이력서에 쓰는 경력과는 큰 차이가 있습니다.

우려할 것은, 세월만 보내고 나이만 많다고 체험 경력이 지혜롭거나 훌륭한 것은 아닙니다.

생의 체험 속에서 넘어지기도 하고 멱살도 잡혀 보고 부도도 나 보고 피눈물도 흘려 보고 수모, 설움, 자살을 생각해 본 경험 속에서 그때마다 새로운 각오와 변화의 몸부림으로 절망을 희망으로 바꾸어 가며 지금 꿋꿋이 살아가는 삶이야말로 박수를 받기에 충분합니다.

한 가정의 아버지가 자식을 훈계할 위치는 되지만 자기만의 생활 습관이 50년, 60년 바뀌지 않고 변화를 주지 못하는 고집불통의 아버지가 있다면 그 아버지의 훈계는 자식을 자신의 틀 속에 가두려

하는 것에 지나지 않을 것입니다.

다시 말해서 '아버지'라는 위치는 있어도 자격은 없어 보입니다.

삶의 체험 과정에서 변화를 주지 못했다면 본인도 힘들고, 가까이에 있는 사람도 힘들어집니다.

지금까지 온갖 장애물과 역경을 밀쳐 내고 살아온 당신의 귀한 체험 능력의 자본이 나머지 인생에서 가치 있고 귀하게 활용되어야 합니다.

어떤 재화로도 바꿀 수 없는 체험 경력의 자본이 하나의 추억이나 과거 속의 얘기로 끝나 버리면 아깝고 억울한 일입니다.

나이와 상관없이 그 자본을 잘 활용할 때 아픔과 서러움이 기쁨과 환희로, 불행이 행복으로 바뀌며 나아가 당신 인생 또한 아름답고 당찬 인생으로 바뀌게 될 것입니다.

인생 역반전의 삶과 운명과 팔자를 바꿔 놓는 보배로운 지혜가 당신 속에 있음을 인지하고 지금 그 자본을 바탕으로 시작해 보기를 권합니다. 운명의 신이 당신 편에서 도울 것입니다.

* 아버지와 아들의 사막 여행

한 아버지가 아들과 함께 사막을 여행하고 있었습니다. 작열하는

태양 볕에 고생이 이만저만이 아니었지요. 먹을 물도 떨어지고 너무도 힘들어 아들이 후회의 표정을 지으며,

"아버지, 더 이상 갈 수가 없습니다. 되돌아가시자고요."

"아들아, 조금만 참고 가면 분명 오아시스가 있을 거야. 힘내라."

그렇게 얼마를 가도 오아시스는 보이지 않고 끝없는 모래만이 펼쳐질 뿐이었습니다.

"아버지, 저는 더 못 갑니다. 죽을 것 같아요."

아들은 모래 위에 주저앉고 말았습니다.

"아들아, 여기서 되돌아가려면 더 힘든 일이다. 이제 조금만 가면 분명 물이 있을 거야. 자, 일어나 걸어야 우리가 살 수 있다."

또 그렇게 얼마를 걸었는데 모래 무덤이 보였습니다. 그러자 아들은 더욱 실망하면서,

"아버지, 무덤이 보이지 않습니까? 저 무덤도 우리처럼 사막을 걷다가 지쳐 쓰러져 죽었을 거예요. 이제 우리도 희망이 없어요."

"아들아, 무덤이 있다는 것은 바로 근처에 사람이 살고 있다는 증거란다. 아주 가까이에 우리가 찾는 물도 있고 실 곳이 있을 거야. 자, 조금만 걸으면 된다."

아버지는 아들에게 희망을 잃지 않도록 다독였고 아들을 부축하여 얼마를 걸으니 나무들이 보였고 사람이 살고 있는 집도 보였습니다.

그곳에 도착하여 물도 마시고 식사도 하게 되었으며 충분한 휴식을 취한 후에 아버지와 아들은 사막 여행을 무사히 마쳤다는 이야기

가 있습니다.

아버지의 체험 경력 자본이 발휘된 이야기가…!

4) 신념의 자본입니다

신념이란 어떤 사상이나 생각을 굳게 믿으며 그것을 실현하려는 강한 의지를 말합니다.

사람은 누구나 무엇인가 실현하려는 신념은 있지만 그것의 강도가 약한가, 강한가의 차이에 따라 전혀 다른 결과를 낳게 되는 것이지요.

쉽게 말해서, 신념이란 잠재의식의 활용이며 강한 의지의 실천입니다.

잠재의식을 활용하는 가장 유효한 방법은 마음의 그림을 그리는 일이며 기적과 같은 신기한 현상이 일어나는 것 또한 이 신념의 힘에 의해서 일어나는 것이고 오래 지속되는 효과도 신념입니다.

즉 당신이 온 마음을 기울여 그것을 믿을 때 당신의 몸 구석구석으로 스며드는 적극적인 감정의 최상급이라고 부를 수 있는 영적인 힘을 말하는 것입니다.

그 신념의 힘은, 하고자 하는 욕구를 충족시켜 마침내 엄청난 성과를 만들기도 합니다.

껍데기에 노예가 되지 마라

이 신념은 마음의 템포나 사고의 주파수를 바꾸고 엄청난 자석 같은 것으로 잠재의식의 힘을 끌어당겨 작용시키며 당신의 생활환경에 꿈에도 생각지 못한 놀라운 변화가 생기게 되는 것입니다.

인도의 「마하트마 간디」는 상상하지 못할 위대한 신념에 의한 기적을 실현한 사람입니다.

신념은 야만인이나 문명인이나, 배운 자이든 배우지 못한 자이든 똑같이 갖고 있는 마술 같은 일들을 만들어 내고 있는 것입니다.

신념은 원대한 목표를 이루게 하고 성공을 단축시킵니다. 신념이란 광명이며 희망의 등불입니다. 신념이 없으면 의욕이 없는 것이고 불 꺼진 캄캄한 방이며 죽은 인생입니다.

신념이 강한 사람은 문제, 걸림돌, 거절 반응, 비아냥, 굴욕까지도 뛰어넘을 것이요. 젊음과 패기와 자신감 그리고 활기찬 기운은 영원할 것입니다.

당신 안에 남아 있는 신념을 사장시키지 말고 불을 집혀 보십시오! 그러면 신념의 불은 점점 커져서 기적 같은 응답이 있을 것임을 믿으십시오!

그 위대한 자본을 그냥 버리고 떠나시렵니까?

5) 사랑의 자본입니다

2001년 9월 11일, 뉴욕의 세계무역센타 빌딩이 항공기 자살 테러로 110층짜리 쌍둥이 빌딩과 47층짜리 무역센터 부속건물 7호가 무너졌고 희생자 수가 5천 명이 넘었던 끔찍한 사건을 우리는 기억하고 있습니다.

그 사건 당시 빌딩 안에서 있던 사람들은 몇 초 사이에 자신들에게 닥칠 죽음을 직감하였고 그 순간 주머니 속에 있는 핸드폰을 꺼내 들고 단축다이얼을 누르고는,

"여보! 사랑합니다."

"엄마! 사랑해."

"아빠! 사랑해요."

"자기! 사랑해."라는 한마디 말을 남기고 모두 저세상으로 났습니다.

통화 내용이 후일 전화국을 통해 공개되었고 모두가 "사랑한다."는 내용에 놀라워했습니다.

인간은 최대의 극한 상황에 처하게 될 때 「사랑」이란 말을 한다는 것은 인간의 본래 뿌리가 「사랑」이었음이 증명되는 사실입니다.

인간은 누구나 「사랑」이란 위대한 자본을 가지고 있습니다. 선한 사람이나 악한 사람이나 사랑의 뿌리는 분명 똑같이 가지고 있다는 말입니다.

뿌리는 같지만 가지가 자라면서 변질이 되고 행동이 악한 방향으로 이동하게 되기도 하는 것입니다.

껍데기에 노예가 되지 마라

그래서 사랑이란 마음이 아니라 행동이 말해 주는 것이고 사랑은 생각이나 말로 되는 것이 아니라 실천으로 하는 것이며 사랑의 척도나 평가는 행동력으로 하는 것입니다.

그래서 필자는 사랑을 철학적으로 설명하지 않습니다.

내 어머니는 초등학교도 못 가 보신 분입니다. 어머니는 어린 자식을 너무도 사랑하셨기에 이론적이거나 철학적으로 사랑하지 않으셨고 오직 온 몸으로 사랑을 주셨습니다.

배곯지 않도록, 추위에 떨지 않도록, 병나지 않도록 자식 위해 온 몸을 던져 모든 역경, 고통, 피눈물을 삼키시고 육천 마디의 통증도 물리치시며 오직 자식 사랑 실천을 밤낮없이 퍼부어 주셨습니다.

참사랑의 조용한 실천을 소개합니다.

2002년 11월 〈초록우산 어린이 재단〉앞으로 한 통의 편지가 배달되었습니다. 발신인 란에는 "김계자"라고 적혀 있었습니다.

김계자 씨는 경기도 광주시 중증 장애 아동 시설의 〈한사랑 장애 영아원〉에서 일하던 보육사였습니다.

1972년 스무 살 때부터 여러 아동 시설에서 부모 없는 아이, 장애 아들을 30년간 돌보던 김씨는 2002년 6월 돌연 일을 그만두고 잠적했습니다.

연락이 닿지 않던 그녀가 잠적 5개월여 만에 보내온 편지에는,

"어려운 어린이들을 위해 써주세요."란 짧은 메시지와 함께 그녀가 평생 모은 재산인 경기도 광주시의 약 33평짜리 아파트 기부 증서가 동봉돼 있었습니다.

어린이 재단 직원들이 백방으로 수소문해 그녀를 찾았지만 김 씨는 이미 하늘나라로 떠난 후였습니다.

김 씨는 1999년 유방암 진단을 받았지만 불쌍한 아이들을 외면할 수 없어 계속 돌봤고 병세가 악화되자 몰래 투병해온 것입니다.

그녀의 지인들은 "김 보육사가 아이들이 걱정할까봐 병을 숨겼다"며 "평생을 아이들을 위해 바친 그녀가 삶을 마감하면서까지 아이들을 보듬었다"며 눈물지었습니다.

- 2013. 10. 11. 조선일보 1면 톱기사 -

껍데기에 노예가 되지 마라

45
사 랑 실 천 법

세상에서 가장 아름답고 많이 사용하는 단어가 「사랑」입니다. 수많은 사람들이 사랑을 말하지만 어떻게 하는 것이 사랑인지 잘 모르는 것 같기도 하고 헷갈리는 것 같아 나름대로 정리를 해보았습니다.

대다수의 사람들이 "나도 돈 벌면 어려운 사람들을 위하여 좋은 일 많이 하며 살 거야."라고 말합니다.

보시(布施)나 사랑은 재물이 있어야만 할 수 있다는 착각을 하는 사람이 의외로 많은 듯합니다.

사랑은 마음이 아니라 실천이지만 그 실천이 꼭 재물과 연관되는 것은 아닙니다.

1) 얼굴로 상대에게 기쁨을

얼굴은 마음의 거울이라고 하지요. 찡그린 얼굴, 화난 얼굴, 험상궂은 얼굴, 슬픈 얼굴, 괴로운 얼굴, 의심하는 얼굴, 귀찮아하는 얼굴 등등의 얼굴 표정은 상대의 마음을 상하게 만듭니다.

누구나 가지고 태어나는 얼굴입니다. 기왕 가진 얼굴로 상대를 기쁘게 해 주면 얼마나 좋겠습니까.

상대가 내 얼굴만 보아도 기분이 좋아지고 편안하고 함께 있고 싶어지는 얼굴을 가진다면 얼마나 좋은 일이며 복 짓　는 일이겠습니까?

당신의 얼굴로 만나는 사람마다 기쁨을 주는 것이야말로 사랑의 실천입니다.

따뜻하고 넉넉한 미소를 언제나 선물하십시오.

단 3초면 상대의 얼굴을 보고 평가를 할 수 있다는 것은 얼굴 표정이 얼마나 소중한가를 말해 주고,

"웃는 얼굴에 침 못 뱉는다."는 말처럼 미소는 상대를 편안하게 만들뿐더러 직장 분위기, 사회 분위기를 온화하고 평안하게 합니다.

언제 봐도 미소가 가득한, 수행을 많이 한 스님이나 목사님 표정

을 보기만 해도 흐뭇하고 평화가 온 듯한, 그런 얼굴에서 든든하고 편안함을 느껴 보지 않으셨습니까?

1980년에 처음으로 미국 여행을 했을 때 거리에서 눈이 마주치는 사람마다 남녀 가리지 않고 눈인사와 함께 미소를 주는 바람에 당혹스러워 했던 경험이 있습니다.

당시 한국 사회에서는 상상할 수도 없는 일이었지요. 모르는 여성에게 눈인사와 함께 미소를 주었다면 큰 오해를 받거나 불량한 사람이라고 했을 테니 말입니다.

그러다가 한국도 88올림픽을 기점으로 많은 변화를 보인 것이 분명합니다.

창조주와 부모님 덕으로 가지게 된 얼굴로 오늘부터 자신과 만인을 위하여 넉넉하고 환한 미소를 지어 보십시오.

궁상떠는 얼굴로 짜증이나 내고 누굴 미워하는 얼굴로는 복이 오지 않을 것입니다. 사랑이란 얼굴 표정으로부터 시작됩니다.

2) 말로 상대에게 기쁨을

말은 조화가 많습니다. 말 한마디로 상대에게 큰 상처를 주는 일이 많습니다. 반대로 좌절의 늪에서 괴로워하는 사람도 격려와 위로와 긍정의 말 한마디로 용기 내어 일어서는 경우도 많습니다.

「말의 힘」은 실험을 통하여 유명한 것들이 있습니다.

말에 들어간 감정이 얼마나 큰 영향을 미치느냐에 대한 신기한 실험 결과들입니다.

그중 가장 널리 알려진 것으로 「물은 답을 알고 있다」라는 유명한 일본 연구가의 실험 결과 사진 등이 있었습니다. 참 신기했습니다.

과학계에서는 비판도 있었습니다. 독자를 감탄하게 했던 물의 입자 사진들은,

저자가 수많은 사진들 중에서 자신의 의도대로 골라낸 사진에 불과하다는 비판 등과 「물질이 '의식'을 가지고 있다」는 것은 비과학적이라는 견해 등이었습니다.

그런데 수맥과 기(氣) 등을 연구하는 이들은 이에 대해 사물에 숨겨진 비밀을 알지도 못하면서 서구적 과학 척도로만 비판하지 말라고 강력 반발했던 내용이기도 했습니다.

수많은 실험들은 어쨌든 그 실현 구조는 알 수 없으나 언어가 가진, 또는 언어에 담긴 감정이 가진 실제적 에너지를 여전히 보여 주고 있는 듯합니다.

우리나라에선 2009년 10월 9일 한글날, MBC 특집 방송 〈말의 힘〉에서 「고맙습니다」, 「짜증나」의 비밀이라는 제목으로 공공방송의 실험 결과가 있었죠.

껍데기에 노예가 되지 마라

몇 년 전 실험인데 지금도 동영상으로 많이 알려져 있습니다. MBC에서 한글날 특집 '실험 다큐' 〈말의 힘〉이라는 프로에서,

이 실험을 위해 아나운서가 병에 밥을 넣어서 2병씩 나누어가졌습니다.

한 병에는 「고맙습니다」를 써서 좋은 말만하고, 한 병에는 「짜증나」를 써서 나쁜 말만 한 후, 4주 후에 뚜껑을 열자 「고맙습니다」 병에는 하얀 곰팡이가 예쁘게 자랐는데 「짜증나」 병에는 거무스름한 곰팡이가 심한 악취를 피우고 있었다는 것이었습니다.

참으로 신기하지 않습니까? 밥이 뭘 안다고…, 그래도 말의 파괴력, 말의 생명력에 대해 다시 생각해 보게 되는 실험이었습니다.

또 잘 알려진 〈양파 실험〉입니다.

양파를 컵에 담아 놓고 한쪽에는 "사랑한다."는 말을 계속해 주고 한쪽에는 "미워한다."는 말을 계속 말하면 결국,

사랑받는 양파는 잘 성장하고 사랑받지 못하는 양파는 시들어 버리고 만다는 실험 결과는 지금도 인터넷에서 찾아볼 수 있습니다.

스스로 따뜻하게 위로하고 평안한 말을 하면 머리가 맑아지는데 욕설과 분노의 말을 하면 혈액이 탁해집니다.

이는 단지 느낌이 아니라 실제로 모든 병의 원인이 마음-감정-언어로 시작되는 것이 아닌가 생각합니다.

말은 하기 쉬우나 좋은 말하기란 그리 쉽지 않습니다. 자신과 남

에게 어떤 영향이 미칠 것이라는 중대한 사실을 잊지 말고 함부로 말하는 습관을 멈춰야 합니다.

말의 위력이나 파장에 대하여 하루 종일 강조해도 부족한 일입니다. 침묵보다 더 소중하다고 판단될 때에 말을 해야겠다는 단단한 각오가 필요합니다.

말로 복을 쌓기도 하고 복을 허물기도 하는 일은 생활 속에서 수없이 반복되어집니다.

오늘부터 내 입을 통해서 나오는 말마다 상대에게 기쁨을 주고 의욕을 돋게 하고 용기를 주고 희망을 주고 웃음을 주는 당신이기를 기대합니다.

그것이 소통(疏通)의 핵심이며 소통이 안 된다면 모든 게 막혀 버리고 사랑의 혈(血)자리도 막혀 버립니다.

사랑의 실천은 소통입니다.

3) 손과 발로 상대에게 기쁨을

손은 정직함이요. 발은 부지런함입니다. 필자가 어릴 적 어머니께서는 큰 음성으로 자주 호통을 치셨습니다.

"죽으면 썩어질 손인데 아껴 뒀다가 뭐하려고!"

그 시절에는 부지런히 무엇이든 하지 않으면 밥을 굶어야 했습니다.

물론 지금도 부지런하지 못하면 '성공 인생은 없다.'는 것은 진리이지요.

남편은 좋은 직장에서 비교적 많은 월급을 가져다가 아내에게 주는 가정이 있다고 합시다.

남편은 퇴근 후에 집에 돌아오면 샤워하고 쇼파에 누워 TV를 보며 휴식을 취합니다.

아내는 부엌에서 김치를 담그려고 여러 가지를 준비하며 바쁘게 일하고 있습니다.

그런데도 남편은 거들어 줄 생각이 전혀 없어 보입니다.

남편은 가정에 해야 할 일을 충분히 했다는 생각일 것입니다. 충분한 돈을 매달 부인에게 주고 있으니…,

혹시 남성이라면 독자님도 그렇습니까?

그것은 사랑이 아닙니다. 가족 사랑도 아내 사랑도 없는 행위입니다.

부엌으로 가서 파도 다듬어 주고 뒤처리도 함께 해 줘야 하는 것이 지극히 당연한 사랑의 실천입니다.

언젠가 방송에서 남편들이 가장 싫은 것 중에 음식물 쓰레기봉투를 내다 버리는 것이라고 합니다.

냄새나는 음식물 쓰레기봉투 정도는 남편이 버려 주는 아량이 당연한 기본 사랑의 실천입니다.

아직도 월급봉투 주는 것으로 할 일을 다 했다는 식으로 가정에서 손도 까딱 안 하는 남편이 있다면, 요즘 회자되는 말로 부부 관계를 「갑, 을」 관계로 착각하거나 경제 충족만으로 사랑을 대신할 수 없음도 일러 드리고 싶습니다.

직장에서도 내 손과 발로 조금만 부지런히 움직여 주면 모두가 편하고 화기애애할 것입니다.

그것이 사랑의 실천이고 리더의 훌륭한 행동력이며 함께하는 파트너들이 모든 일에 협조적이 되는 지름길이 될 것입 니다.

손과 발로 조직에 활기를 띠우는 당신이 되기를 기대합니다.

4) 예절로 상대에게 기쁨을

예절(禮節, 禮義) 또는 에티켓(Etiquette, Manner)은 공손함과 친절을 표현하는 의식입니다.

법으로 강제하지는 않으나 이를 사회적, 문화적 환경에 따라 적절히 습득하여 몸에 익히지 못하면 그 환경을 공유하는 사람들로부터 소외당하기 쉽습니다.

인간관계의 성공은 그 으뜸이 예절입니다. 사업 성공의 으뜸도

껍데기에 노예가 되지 마라

예절이며 세일즈맨, 공직자, 서비스 종사자, 정치인 등 말 할 것 없이 모든 영역에서 예절은 우선되는 덕목입니다.

예절은 일류가 삶을 시작하면서부터 인간관계의 모든 문제를 해결하는 만사형통의 영양소입니다.

예절 앞에 학력과 지식 따위는 중요치 않으며 다른 면이 좀 부족하다 해도 예절 바른 사람은 모두가 좋아하지만 지식이 많고 똑똑하다 해도 예절이 없는 사람은 모두가 싫어합니다.

예절은 만행의 근본(萬行의 根本)이자 만사형통의 도(萬事亨通의 道)입니다.

산업 사회, 물질 만능, 개인주의 그리고 인터넷과 스마트폰 시대가 예절을 경시하게 되었지만 인간 사회에서 예절이 빠지거나 경시되면 공동체의 삶은 혼란과 무질서가 판을 치고 그다음은 무너지게 될 것입니다.

"술도 먹으려니 덕(德) 없으면 난(亂)하느니
춤도 추려니와 예(禮) 없으면 잡(雜)되느니
아마도 덕예(德禮)를 지키면 만수무강하리라" 조선 중기 시조 작가 윤선도의 노래입니다.

미국의 에머슨은 "예절은 법률보다 위대하다"라고 말했습니다.

열이 초를 녹이듯 예절은 상대방을 부드럽게 만듭니다.

예절의 기본은 인사입니다. 언제나 누구를 만나도 방긋 웃으며 인사하는 당신은 리더의 자격이 있습니다.

예절은 태도와 말씨뿐 아니라 당신의 의상, 머리스타일, 신발 까지도 말끔하게 갖추는 것이 예절입니다.

예절은 질서를 지키는 것이요. 양보할 줄 아는 미덕이며 인내할 줄 아는 자요. 경거망동과 큰소리를 내는 사람이 아닙니다.

1934년 〈북회기선〉이라는 장편 소설을 내놓아 세상의 주목을 받았던 미국 작가「헨리 밀러」는,

"훌륭한 예절이란 타인의 감정을 고려해서 표현하는 기술이다." 라고 했습니다.

예절로 인간관계를 제압하십시오.

그런 당신을 모든 사람이 좋아하게 되고 당신이 원하는 목표를 앞당길 수 있을 것입니다.

예절을 생활화하는 당신이라면 가족을 기쁘게 하고 이웃에서, 직장에서, 사회에서 만인에게 기쁨 전도사가 될 것입니다. 또한, 이러한 기쁨은 두 배, 세 배, 열 배로 확산되어 천국과 극락의 세상을 만드는 조용한 영웅이 될 것입니다.

껍데기에 노예가 되지 마라

이상과 같이 사랑이란,

1) 얼굴로 기쁨을 주고

2) 말로 기쁨을 주고

3) 손과 발로 기쁨을 주고

4) 예절로 기쁨을 주는 실천입니다.

위의 네 가지 실천을 하는 사람은 천국을 만드는 이 시대의 랍비이며 네 가지를 실천하지 못하고 자기만 생각하는 이기적인 사람은 지옥을 만들어 가는 죄인이 될 것입니다.

한마디로 사랑의 실천이 없는 자는 죄인이요. 그 심판은 법이 할 수 없으며 당신이 믿는 신만이 판결할 수 있습니다.

위의 네 가지는 돈이 필요치 않으며 누구라도 해낼 수 있는 「사랑의 실천 법」입니다.

그런데도 실행하지 못한다면 당신은 지금, 당신의 양심과 당신이 믿는 신 앞에 들어서서 속죄와 함께 사랑이 무엇인지 훈련받기를 권합니다.

네 가지란 사랑(四朗)은 4가지 밝음(밝을 랑)을 말함이며 죄(罪)는 넉 사 밑에 아닐비 자로, 4가지가 없다는 뜻입니다. 4가지를 실행하지 못하면 그래서 죄가 되는 것입니다.

46
당신은 어떤 기도를 하십니까?

✳
. . .

유대교 랍비인 「헤럴드 쿠시너」는 매일 기도를 하며 누구 못지않게 신의 뜻에 따라 경건하게 사는 신앙인이었습니다.

그런데 그의 아이가 생후 8개월부터 몸무게가 늘지 않더니 돌이 지나면서부터 머리카락이 빠지고 시름시름 앓기 시작했습니다.

병원을 방문한 결과 10대에 사망하는 '조로증'이라는 진단을 받게 됩니다. 청천벽력 같은 소식에 그의 신앙은 뿌리째 흔들립니다.

신이 최소한의 공평함이라도 있다면 아무 잘못 없는 자신과 아들에게 이런 형벌을 줄 수는 없다고 생각했습니다. 그는 신에게 항변

껍데기에 노예가 되지 마라

하고 또 항변했습니다.

그러나 계속되는 기도 속에서 그는 슬픔과 분노를 갈무리하게 되었고 신에 대한 새로운 관점을 깨닫게 되었습니다.

「신은 인간에게 불행을 주는 분이 아니라 불행을 극복하도록 힘을 주는 분」임을 알아차린 것입니다.

그는 그 깨달음을 〈왜 선한 사람에게 나쁜 일이 생기는가?〉라는 책에 담았습니다.

기도라고 다 같은 기도가 아닐 것입니다. 굳이 나눠 보자면 성숙한 기도와 미숙한 기도가 있습니다.

미숙한 기도는 '좋은 것만 달라'하고 '힘든 것은 받기 싫어요'라고 하는 어린아이 같은 기도입니다.

혹은 '이번에 한 번 제 기도를 들어 주시면 앞으로는 신앙인으로 잘 살아가겠습니다.'라는 협상 같은 기도입니다.

그리고 현실의 어려움은 도외시한 채 내세의 구원만을 바라는 기도 등이 바로 미숙한 기도가 아닐까 싶습니다.

그에 비해 성숙한 기도가 있습니다.

이는 기본적으로 '받아들이고 성찰하고 감사하는 기도'입니다.

진실을 받아들이고 고통과 불행을 겪지만 이를 통해서 영적으로 성장하고 다시 힘을 내어 일어설 수 있도록 도와달라는 기도입니다.

현실의 문제를 직면하면서 이 세상을 보다 좋은 곳으로 일궈 가기 위해 마음을 가다듬는 기도입니다.

신은 우리에게 고난과 불행을 없애 주기 위해 존재하는 분은 아닙니다.

신은 고난과 불행에 힘들어할 때 그 시간 속에서 배우고 성장하도록 힘을 주는 분입니다.

그럼에도 우리는 원하는 것을 들어 주는 분만을 신이라고 찾고 있는 것은 아닐까요?

당신은 어떤 기도를 하고 있습니까?

'신앙인'이라고 자처하는 사람이나 그들을 안내하고 이끌어 가는 위치에 있는 사람들 모두가 깊게 새겨야 할 대목입니다.

석가모니는 왕자로 태어났고 세월이 지나면 왕이 되는 것은 엄연한 사실이었습니다.

사람들이 그토록 찾고 갈망하는 부귀영화는 예약되었고 권세도 재물도 충분히 누릴 위치에 있건만 석가모니는 그것을 버리고 고행을 시작하여 밥도 얻어먹고 맨발로 다니며 깨우침을 얻은 것입니다.

그가 가치 없다며 버린 것을 달라며 석가모니불 앞에서 절을 하고 불공을 드린다면 앞뒤가 맞지 않는 기도입니다.

당신이 믿는 하나님이나 부처님은 재물과 권세를 주는 분은 아닙

니다. 오히려 그 집착과 굴레를 벗어나라고 하시는 분들임을 알아야
합니다.

　그분들의 말씀을 따라 살면 목마르지 않고 번뇌에서 벗어나 평온
을 얻을 수 있으며 보시와 사랑을 생활화하게 되는 천국의 삶을 하게
될 것입니다.

　'나에게 복을 달라'며 기도하는 기복 신앙에 매달리지 말고 '나를
세상에 살게 하심에 감사하고 사랑을 알게 하심에 감사하고 이웃과
더불어 웃음을 나누는 삶을 배려해 주심에 감사하는 기도'를 한다면
참 좋겠습니다.

　다음은 법정 스님 글 중에서 옮겨 보았습니다.

〈여보게, 부처를 찾는가?〉

여보게, 친구! 산에 오르면 절이 있고
절에 가면 부처가 있다고 생각하는가?

절에 가면 인간이 만든 불상이
자네를 내려다보고 있지 않은가?

부처는 절에 없다네.
부처는 세상에 내려가야만
천지에 널려 있다네.

내 주위의 가난한 이웃이 부처요.
병들어 누워 있는 자가 부처라네.

그 많은 부처를 보지도 못하고
어찌 사람이 만든 불상에만
허리가 아프도록 절만 하는가.

극락과 지옥은 죽어서 가는 곳이라고 생각하는가?
천당은 살아 있는 지금이 천당이고 지옥이라네.

내가 살면서 즐겁고 행복하면 여기가 천당이고
살면서 힘들고 고통스럽다고 생각하면 거기가 지옥이라네.

자네 마음이 부처이고 자네가 관세음보살이라네.
여보게, 친구! 죽어서 천당 가려 하지 말고
사는 동안 천당에서 같이 살지 않으려나?

껍데기에 노예가 되지 마라

자네가 부처라는 걸 잊지 마시게.

그리고 부처답게 살길 바라네.

부처답게…,

기도나 예배란 자기 부정의 과정입니다. 자아를 버리는 일(미움, 증오, 욕심 등)이며 그 속에서 자기를 찾는 일입니다.

어느 현대 신학자는,

"하나님이 밖에 있는 줄 알았는데 깨닫고 보니 내 안에 있음을 알 았다"고 했습니다.

47

예수께서 바라본 거품

"선생님, 저 건물을 보십시오. 얼마나 멋지고 웅장한 건물입니까?"

이 말을 한 제자는 자기의 감탄과 생각에 예수님이 동의해 주시리라 생각했습니다. 그러나 예수님은 전혀 다른 말을 했습니다.

"지금은 저 웅장한 건물이 너의 앞에 있지만 다 무너져 버릴 것이다."

예루살렘에 사는 바리새인들과 사두개인들, 율법학자와 서기관들의 허위를 예수님은 올바로 보신 것입니다.

비록 겉으로는 웅장하고 멋져 보이고 위세가 등등해 보였지만 곧

껍데기에 노예가 되지 마라

무너져 버리고 말 것을 예수님은 알고 계셨던 것입니다.

에덴동산에서 아담과 하와가 선악과를 따먹고 하나님 앞에서 부끄러워 몸을 나뭇잎으로 가렸습니다.

오늘 우리들 주변에 있는 거품이 에덴동산에서 부끄러운 자신을 가리기 위하여 무화과 나뭇잎으로 가렸던 것과 같지 않습니까?

그리스도인이 예수를 구주로 고백하고 신앙생활을 하는 것은 보이기 위함이 아니라 하나님께로 더 가까이 가기 위함이며 하나님이 말씀으로 일깨워 주신 뜻을 바르게 실행하면 될 것인데…,

내려 주신 말씀을 각자가 해석을 달리하여 '내 것이 진리'이며 '남의 것은 거품이며 잘못된 것'이라고 성도들을 혼란스럽게 하는,

그 자체가 걷어 내야 하는 거품이 아닌지 우려가 됩니다.

1) 교회에서 봉사하는 여성 집사님

어느 교회에서 여성 집사님이 교회 청소를 매일같이 하면서도 불평을 늘어놓았습니다.

목사님이 그 집사님에게 물었습니다.

"집사님, 표정이 밝지 않은데 무슨 일이 있으세요?"

"목사님, 제가 청소는 하지만 아무도 알아주는 사람도 없어 좀 속상해요."

"집사님은 참 훌륭한 봉사를 하고 계십니다. 그런데 집사님, 아

무도 알아주지 않아도 하나님만 알아주면 되지 않나요? 하나님께서 늘 보고 계십니다."

　우리는 지금까지 하나님에게 보이기보다는 사람들에게 드러내 보이기 위하여 행동하지 않았나요?
　나보다 더 높은 직위에 있는 자에게 잘 보이기 위하여, 나보다 더 가진 자에게 잘 보이기 위하여 우리는 지금도 거품을 만들고 껍데기에 노예가 되어 살아가고 있는 것은 아닌지…?

2) 중학교 1학년 여학생
　중학교 1학년생인 내 딸아이가 주일 예배를 위해 함께 교회에 갔습니다.
　그날이 마침 딸아이 생일날이어서 다른 날보다 깔끔한 용모로 준비하고 책상 위에 놓아 둔 돼지 저금통에서 스스로 동전이랑 지폐를 끄집어내 봉투에 담았습니다.

　거기까지는 착하고 아름다운 모습이었지요. 그런데 봉헌 예배가 끝나고 담임 목사가 몇몇 성도들의 헌금한 봉투를 들어 보이며,
　"어느 어느 건설회사 사장님께서 일천만 원을 감사 헌금으로 내 주셨습니다."하면서 수표를 높이 들어 흔들어 보이며 박수를 유도하였고 그런 방법으로 몇 사람의 헌금 봉투 속 액수를 소개했습니다.

예배를 마치고 교회에서 나오며 딸아이가 속상한 표정으로,

"아빠, 나 교회 이제 그만 나올 거야."

"왜 그래?"

"천만 원 낸 사장보다 내 돈 3만 5,000원이 나는 더 소중해요. 먹고 싶은 거 참으며 저금통에 모아둔 건데….."

그때부터 내 아이는 교회와 인연을 접고 살아가게 되었습니다.

그 당시 방배동에 있던 교회에는 성도가 많았고 교회 건물도 좋았습니다. 그 안에 하나님을 모시고 예수 사랑 말씀을 전도하면서….

마음에 상처를 받은 그 당시 13세 소녀에게 한없이 미안하고 부끄러운 생각이 지금도 멈추지 않습니다. 부처님의 빈자일등(貧者一燈)이란 말씀이 자꾸만 떠오르게 합니다.

3) 속사람을 꿰뚫어 보신 예수님

예수님은 길거리에서 소리 높여 기도하는 「바리새인」을 보고 제자로 삼지 않으셨습니다.

예수님은 겉으로 드러난 모습으로 사람을 판단하지 않으셨고 속사람을 꿰뚫어 보시고 바리새인을 책망하셨습니다.

만약 예수님께서 겉모습을 보고 판단하거나 평가하고 인간 구원의 역사를 했다면 「베드로」나 「마태」 같은 제자는 두지 않았을 것입니다.

오늘 우리에게 거품은 없는가?

하나님은 이 어려운 시대에 사악함과 게으름과 범죄와 부도덕과 인륜이 그리고 참사랑이 나동그라진 지금 거품을 걷어내라고 말씀하십니다.

그리고 그런 문제 해결을 위해 힘써 주기를 원하십니다.

하나님의 말씀을 요리저리 자기 잣대로 재단하여 "내가 재림 예수이다."라는 사람도 있어 진정 하나님의 거룩하심과 오직 사랑을 일깨우신 예수님의 높은 진리에 성도님들의 진정한 신심이 가려지고 더 멀어지는 일은 아닐지 염려가 되고 있습니다.

물론 우리 한국에만 그런 사람이 있는 것은 아닙니다.

우리들의 거품 빠진 신앙생활을 하나님은 기다리시며 아직도 껍데기에 집착하는 군상을 벗어 내라고 예수님은 말씀하십니다.

가리고 보여 주기 위한 신앙생활을 멈추고 겸손한 자세로 하나님께로 더 가까이 다가서야 합니다.

영혼이 가난한 자, 중심을 잃고 음지에서 헤매고 있는 자들, 사랑이 부족하여 목말라 하는 자들에게 참 예수 사랑의 물 한 모금이라도 마실 수 있게 애써 주기를 주님은 명하십니다.

껍데기에 노예가 되지 마라

불필요한 에너지를 낭비하지 말고 태초에 순수 하나님 뜻이 무엇인지 솔직한 기도로 하나님 앞에 서야 합니다.

48
단하 선사

❋
· · ·

단하(丹霞;739~824) 선사는 고향과 본관 성씨에 대해서 분명한 기록이 없으며 법명은 '천연(天然)'이고 젊을 때 유교의 구경(九經)에 통달한 분입니다.

유명한 방(龐) 거사와 함께 과거 시험에 응하려고 낙양(洛陽)으로 가던 도중에 「운수납자」스님을 만나게 되었는데 차를 마시면서 스님이 물었습니다.

"그대는 어디로 가시나?"

"과거를 보러 갑니다."

"공부가 아깝다! 어째서 부처님을 뽑는 곳으로 가지 않고 엉뚱한

껍데기에 노예가 되지 마라

곳으로 가는고?"

"부처님을 어디서 뽑나요?"

"강서(江西)에 마조(馬祖)께서 지금 설법을 하시는데 도를 깨친 사람이 부지기수이니 그곳이 바로 부처님을 뽑는 곳이오."

두 사람은 즉시 길을 떠나 마조 선사를 찾아뵙고 절을 하니 마조 선사가 말했습니다.

"여기에서 남악으로 7백 리를 가면 석두희천(石頭希遷) 선사가 바위에 앉아 계신다. 그곳으로 가서 출가하라."

단하는 그날로 길을 떠나 석두 선사를 찾아가니 선사가 물었습니다.

"어디에서 왔는가?"

"강서(江西)에서 왔습니다."

"무엇하러 왔는가?"

단하는 마조 선사가 한 말을 그대로 옮기니 석두 선사가 고개를 끄덕이며,

"부엌에서 반찬이나 만들어라."

부엌에서 공양주를 한 지 2년이 지나던 날 하루는 석두 선사가 내일 아침에 단하의 머리를 깎아 중을 만들 생각으로,

"내일 아침 공양을 마친 뒤 법당 앞의 한 무더기 풀을 깎아야겠다."

이튿날 대중들은 제각기 낫을 들고 나왔으나 단하는 머리 깎는 칼

과 물을 가지고 석두 선사 앞에 나타났습니다. 선사가 고개를 끄덕이고 웃으며 그의 머리를 깎아 주었습니다.삭발을 하고보니 단하의 머리가 올록볼록 솟은 곳이 많은 것을 보고 석두 선사가 어루만지며 "천연(天然)스럽구나."하였답니다.

머리를 다 깎고 난 단하는 선사에게 절을 하면서,

"이름을 지어 주셔서 감사합니다."

"내가 언제 네 이름을 지어 주었느냐?"

"조금 전에 천연'이라 하시지 않았습니까."

선사는 더욱 그를 사랑하여 많은 가르침을 주었고 마침내 천연은 석두 선사의 법을 잇게 되었습니다.이로부터 단하 선사는 묶인 생각을 풀고 유유자적한 투타 행에 올랐습니다.

단하 선사가 낙양(洛陽)의 혜림사(慧林寺)에 머물고 있을 때의 일입니다.

어느 추운 겨울 날 하도 추워서 법당의 목불(木佛)을 꺼내다 불을 지폈습니다. 이것을 안 그 절 원주(院主)가 달려오더니 펄쩍 뛰며 고함을 질렀습니다.

"아니, 이럴 수가 있느냐?"

그러나 단하 선사는 태연하게 말했습니다.

껍데기에 노예가 되지 마라

"나는 부처님을 태워서 사리(舍利)를 얻으려는 참일세."

그러자 원주는 더욱 화를 내며 큰소리를 쳤습니다.

"목불인데 무슨 놈의 사리가 있단 말이오!"

이때 오히려 단하 선사가 호통을 치며,

"만약 사리가 없는 부처님이라면 불을 땠다고 해서 나를 책할 것이 없지 않느냐!"이 일을 두고 어떤 스님이 진각(眞覺) 대사에게 물었습니다.

"단하는 목불을 태웠고 절 원주는 펄펄 뛰었는데 누구의 허물입니까?"

이에 진각 대사는,

"원주는 부처님만을 보았고 단하는 나무토막만을 태웠느니라."

이는 단하 선사가 부처님을 부정한 것이 아니라 많은 사람들이 색신의 형상에 얽매여 참 부처를 보지 못하는 후학들에게 목불을 태워 진불을 발견할 수 있도록 형식과 틀을 부수어 버리는 장면입니다.

참 종교는 일체의 걸림을 제거하는 해탈에 있고 진실한 선의 세계는 유와 무, 선과 악을 초월하는 무심에 있기 때문입니다.

단하 선사가 목불을 태운 근본적인 뜻은 성스러움의 부정에 있고 권위적인 것을 부정하는 의미도 있습니다.

성스러움은 종교적 권위의 원천이라 말할 수 있습니다. 대부분의 종교에서는 성스러움을 연출하기 위해 장엄한 사원과 종교적 상징

물을 짓고 화려한 불상을 만들며 엄숙한 법회를 열고 있습니다.

그러나 선종(禪宗)은 불교의 어떤 종파보다 그런 굴레에서 벗어나 있습니다.

선방에는 번쩍이는 금불상을 두지 않았고 복잡하고 장엄한 예배 의식을 중시하지 않으며 단지 참선을 통해 스스로 불성을 깨치는 것을 중시하였습니다.

선종의 또 하나의 중요한 의의는 일상성(日常性)을 중시하는 것입니다.

삶과 죽음을 넘어선 곳, 일체의 번뇌 망상이 끊어진 곳이 바로 깨달음의 세계인 것인데 이 속에는 일상성이 들어설 여지가 없습니다. 그러나 거기에 머물지 않고 다시 평범한 일상 세계로 돌아올 수 있는 것이 선종의 특징입니다.

49
이태석 신부님

✳
• • •

한국의 슈바이처로 존경받는 이태석 신부님!

지금은 세상에 안 계시지만 당신의 살아 있는 영혼은 만인의 가슴 속에 자리하고 주님 섬김을 어찌해야 되며 사랑의 실천이 무엇인지 신앙인의 사명이 어떤 것인지를 깨우쳐 주셨습니다.

하지만 아직도 입술로만 주님 사랑을 외치고 있음을 고백하오며 신부님 앞에 머리 숙여 용서를 구합니다.

주님 사랑 실천보다 교회 빌딩을 세워 달라고 날마다 통성기도만 했던 철없는 신앙생활을 회개하오며 물질의 욕에서 해방되지 못한 신앙생활을 고백하오며 성서 몇 구절로 예수님 십자가 앞 단상에 서서 성도들을 위하여 어떤 역할과 봉사를 했는지--? 신부님의 아프리카 오지에서 행하신 사랑에 비추어보면서 거품으로만 쌓여 있는 자신을 발견하고 양심 호흡을 제대로 할 수 없음을 주님 앞에 고백합니다.

어리석은 저에게 주님 힘을 주소서!

신부님처럼 살아갈 지혜와 용기는 없으나 신부님의 정신과 사랑과 주님의 참뜻을 겸손하게 전파하고 어려운 이웃을 섬기는 자세로 살아가겠습니다.

온 마음을 다해 신부님의 명복을 비오며 그 거룩한 영혼에 감동과 감사를 올립니다.

이태석 신부님의 생애를 옮겨 봅니다.

1962년 9월 19일 부산에서 출생하였다. 1981년 부산경남고등학교를 졸업하였고, 1987년 인제대학교 의과대를 졸업하였다. 1990년 군의관으로 군 복무를 마친 후 1991년 살레시오회에 입회하였고, 1992년 광주가톨릭대학교 신학대학에 입학하여 성직자의 길을 걸었다.

1994년 1월 30일 첫 서원을 받았으며 1997년 이탈리아 로마로 유학하였다. 2000년 4월 종신 서원을 하였고 그해 6월 28일 부제서품을 받았다. 2001년 6월 24일 서울에서 사제서품을 받고 11월 아프리카 수단 남부 톤즈(Tonj)로 향했다. 아프리카에서도 가장 오지로 불리는 수단의 남부 톤즈는 오랜 동안 수단의 내전(內戰)으로 폐허가 된 지역이며 주민들은 살길을 찾아 흩어져 황폐화된 지역이었다.

이태석 신부는 이곳에서 가톨릭 선교 활동을 펼쳤으며 말라리아와 콜레라로 죽어 가는 주민들과 나병환자들을 치료하기 위해 흙담과 짚 풀로 지붕을 엮어 병원을 세웠다. 또한, 병원까지 찾아오지 못하는 주민들을 위해 척박한 오지 마을을 순회하며 진료를 하였다.

그의 병원이 점차 알려지게 되자 많은 환자들이 모여들게 되었고, 원주민들과 함께 벽돌을 만들어 병원 건물을 직접 지어 확장하였다. 또한, 오염된 톤즈 강물을 마시고 콜레라가 매번 창궐하자 톤즈의 여러 곳에 우물을 파서 식수난을 해결하기도 하였다. 하루 한 끼를 겨우 먹는 열악한 생활을 개선하기 위해 농경지를 일구기 시작했으며, 학교를 세워 원주민 계몽에 나섰다.

처음 초등 교육으로 시작한 학교는 중학교와 고등학교 과정을 차례로 개설하였고 톤즈에 부지를 마련하여 학교 건물을 신축하기 시작했다.

그는 음악을 좋아했으며 전쟁으로 상처받은 원주민을 치료하는 데 음악이 가장 좋은 효과가 있다는 사실을 알게 되었다.

치료의 목적으로 피리와 기타를 가르쳤으며 예상을 넘는 효과가 있자 학생들을 선발하여 브라스 밴드(brass band)를 구성하였다. 그의 밴드는 수단 남부에서 유명세를 탔으며 정부 행사에도 초청되어 연주하였다.

2005년 그의 헌신적인 공로가 인정되어 제7회 인제인성대상을 수상했다. 하지만 그는 미처 자신의 건강을 돌보지 못했다. 2008년 11월 한국에 잠시 입국하였다가 대장암 4기 판정을 받고 톤즈로 돌아가지 못했다. 투병 생활 중 2009년 12월 17일 제2회 한미 자랑스러운 의사상을 수상했다. 암세포가 간으로 전이되어 증세는 점차 나빠졌으며 결국 2010년 1월 14일 새벽 5시 48세를 일기로 영면하였다.

그는 사제이자 의사였으며 교육자이자 음악가, 건축가로 일인다역을 하였고 한국의 슈바이처로 불리기도 하였다. 그가 작곡한 '묵상(默想)'이 대표곡이며 저서로 아프리카 톤즈의 일상을 집필한 〈친구가 되어 주실래요〉가 있다. 2009년, 2010년 12월 21일 제1회 KBS 감동대상에 선정되었다.

영원히 살아 계실 이태석 신부님의 영혼을 섬기고 존경하며 사랑합니다. 세상에 남기신 가르침과 주님을 어떻게 따라야 하는지를

껍데기에 노예가 되지 마라

일깨우신 사랑의 참뜻! 온몸이 저리고 아파옵니다.

    교단과 교리에 가려지고 교세와 빌딩에 집착하여 참사랑과 참하나님을 만날 수 없는 모습에 속죄하오며 존경하고 사랑합니다.

50
율법과 사랑

✳
• • •

한 가정의 아버지가 술, 담배도 하지 않고 바르고 깔끔한 성격과 직장 생활도 부지런하게 잘하고 사회적 법규도 잘 지키고 월급봉투도 100% 아내에게 꼬박 꼬박 가져다주며 원리원칙대로 사는 사람이 있다고 합시다. 그리고 자기 할 일에만 충실한 사람이 있다고 한다면,

좋은 사람이라고는 말할 수 있을지라도 은혜로운 사람, 사랑이 충만한 사람이라는 것과는 다릅니다.

개인적으로는 자기 관리를 잘하지만, 또는 허튼 행동하지 않는

것 자체가 가족을 사랑하기 때문이라는 착각을 할 수도 있으나 가족을 애틋하게 사랑하는 것은 가족 구성원 모두가 편안하고 좋아하는 문화를 함께 해 줄 수 있어야 합니다.

한마디로 화(和)할 수 있어야 하는데 청(淸)만 고집하며 살아가는 사람입니다.

필자는 아이들에게 어릴 적 원리 원칙을 강요했고 거실이나 방이 조금만 어질러져 있어도 호통을 쳤습니다. 밖에서 집에 들어갈 때쯤이면 아이들은 초비상이 걸려 정리 정돈하느라 진땀 뺀 것을 알고 있습니다.

한참 후에야 그것이 좋은 아빠, 은혜로운 아빠가 아니었음을 알았고 사랑이 부족했던 아빠라는 것을 인정했습니다.

율법만을 고집하고 지키면 된다는 어설픈 삶에서 눈을 뜬 것은 신앙이었습니다.

1) 성경에서 말하는 율법

하나님께서 모세를 통해 이스라엘 백성이 지켜야 할 613가지의 율법을 주셨고 장로들로부터 만들어진 수천 가지의 율법이 구약 시대에 있었습니다.

10계명조차 쉽게 지키지 못하던 인간들에게 이것은 말도 안 되는 멍에와 같았습니다. 그래서 율법은 인간들이 지키기엔 불완전 자체였고 미완성과도 같았습니다.

그래서 예수님이 오셔서 모든 율법을 단 하나로 축약해 주셨습니다.

「사랑」으로 말이죠.

사랑을 보여 주기 위해 하늘 권세를 버리고 이 땅에 육신으로 내려오셨고 자신이 만든 인간들의 손에 의해 죽임을 당하면서까지 그 사랑을 보여 주셨습니다.

사랑이란 이름하에 모든 것이 완전해질 수 있었던 것입니다.

"하나님을 사랑하라"는 말 속에 이미 모든 율법이 완성된 것입니다.

2) 율법과 의인

율법을 지킨다고 의인이 되거나 구원을 받을 수 없습니다.

즉 율법을 지키는가, 안 지키는가는 의의 표준이나 잣대가 될 수 없다는 것입니다.

율법은 죄를 깨닫게 하는 역할을 하고 있을 뿐입니다.

「바울」 같은 사람도 율법으로는 흠이 없는 자라고 했지만 그는 죄인 중의 괴수라고 고백을 하고 있습니다.

"기록 된 바 의인은 없으며 하나도 없으며… ."(롬 3:10)

이 세상에는 율법의 욕구 충족에 달할 수 있는 자가 없으므로 율법으로는 구원을 얻지 못한다는 것입니다.

"그러므로 율법의 행위로는 그의 앞에 의롭다함을 얻을 육체가 없나니 율법으로는 죄를 깨달음이니라… ."(롬 3:20)

"죄가 율법 있기 전에도 있었으나 율법이 없을 때에는 죄를 죄로 여기지 아니 하느니라"(롬 5:13)

3) 율법의 기능

예를 들어 사람을 죽이거나 강도짓을 하면 사형을 당하거나 형무소에서 징역을 살아야 하는 것이 현재 우리나라의 형법인데,

사람을 죽이지 않거나 강도짓을 하지 않으면 의인이 되는 것은 아닙니다. 즉 이러한 무서운 형법이 있는 목적은 강도 짓과 살인을 해서는 안 된다는 것을 깨닫게 하는 기능을 하게 되는 것입니다.

다시 말하여 살인을 하거나 강도짓을 하게 되면 그 사람은 징역이나 사형 같은 무서운 형벌을 받게 되므로 살인이나 강도짓을 하지 않아야 한다는 것을 알려 주는 역할을 하는 것이지요.

형법이란 결코 사람을 의인으로 만들지 못하며 살리는 법이 아니

라 죽이는 법입니다.

그럼에도 불구하고 법이란 그 기능적으로서 반드시 필요한 것은 사실입니다.

4) 믿음과 사랑만이 율법의 완성

우리는 죄인임에도 불구하고 하나님으로부터 은혜의 선물인 구원을 얻습니다.

만일 율법을 온전히 지켜야만 구원을 받는다고 한다면 구원은 더 이상 하나님의 선물이 아니라, 자기 자신의 의지와 노력의 산물이 되고 말기 때문에 그리스도의 은혜에서 떨어진 자가 된다는 것입니다. 바울은 그것을 성경에서 강조하고 있는 것입니다.

예수는 "내가 율법이나 예언서의 말씀을 없애러 온 줄로 생각하지 말라. 없애러 온 것이 아니라 오히려 완성하러 왔다"고 선언하였으며(마태복음 5:17)

율법을 "하나님의 말씀"이라고 하였습니다. (마르코의 복음서 7:13).

그리스도는 바리사이파 사람들의 왜곡된 율법주의를 지탄하였으며 그리스도의 사랑은 곧 율법의 완성이 되는 것입니다.

"사람이 의롭다 함을 얻는 길이 율법적 행위에 있는 것이 아니라

믿음에 있다는 것을 우리는 확신합니다."(로마서 3:28)

바울이 로마인들에게 보낸 편지 중 한 구절입니다만, 여러 편의 편지 중에 가장 중요한 편지이며 성서 속의 다이아몬드 라고도 합니다.

5) 율법에 억매인 사람

「폴힐」이라는 목사는 철저한 율법 추종자였습니다. 율법은 하나님이 주신 법이기에 지켜야 한다는 아주 강직한 목사였습니다.

율법에는 10계명에도 "살인하지 말라"고 명시되어 있습니다. 그러므로 낙태 수술은 곧 인간의 존엄성을 파괴하고 하나님 이 내려주신 율법을 어기는 일이기에 용서할 수 없다며 산부인과 의사들을 위협했습니다.

그러던 1994년, 경호원이 있었음에도 산부인과 「브리톤」이라는 의사를 총으로 쏘아 죽였으며 법정에서 오랫동안 재판을 받아오다가 결국 2003년 사형집행을 당했습니다.

그는 폴로리다주에서 생명 존중 운동가로 활동하고 있었답니다. 그가 사형장에서,

"나는 천국에서 하나님으로부터 보상을 받을 것으로 믿고 있다."
라고 말했습니다.

독자 여러분은 어떤 평가를 하실는지(?) 묻고 싶습니다.

누가 더 종교적인가(?)도 묻고 싶습니다.

신앙은 우리 인간에게 무엇을 위해 존재해야 하는가(?)도 묻고 싶습니다.

끝이 없는 종교전쟁은 얼마나 계속 되어야 하고 언제나 멈출 수 있을까(?)도 묻고 싶습니다.

오직 "사랑하라"는 말씀은 어디까지이고 사람을 위해 종교가 존재해야지 종교를 위해 사람이 희생되고 서로 등 돌리며 전쟁도 불사하는 종교는 무엇인지(?)도 묻고 싶습니다.

필자는 월남 전쟁에 참여했던 국가 유공자입니다. 이 세상에서 가장 혹독하고 처참하며 아비규환(阿鼻叫喚)의 지옥이 전쟁입니다.

사람들은 지옥이라면 상상으로만 떠올리지만 전쟁이야말로 현실 세계에서뿐 아니라 상상의 지옥보다도 더 참혹한 지옥의 현장입니다.

그런 지옥을, 종교로 인해 만들어 가는 인간들이 무슨 '사랑'을 말할 자격이 있겠습니까.

성서 계시록 22장 21절에,

"주 예수의 은혜가 모든 자들에게 있을 지어다. 아멘"이라고 기록되어 있습니다.

그 은혜가 있을 줄로 믿겠습니다.

믿음으로, 조용히 기도하고 이웃에게 사랑을 순수하게 나누며 살아가면 싸울 일이 없습니다.

성귀 하나 가지고 시끄럽게 해석하고 또 그것을 가지고 싸우고 그것을 이용하여 교세를 크게 확장하는 것이 하나님의 본뜻인지? 예수의 사랑이라는 것인지(?) 분명 알아야 합니다.

율법제일주의의 형태는 이미 구약 시대의 예언자들만이 아니라 예수 그리스도에 의해서도 비난을 받았습니다.

〈착한 사마리아 사람의 예화〉(누가복음10:29~37)

강도한테 얻어맞아 피를 흘리며 쓰러져 있는 사람을 피해 지나갔던 제관과 레위 사람은 분명 율법을 준수하고 있었습니다.

그들은 종교 의식을 거행하러 바삐 서둘러 가고 있었으며, 율법에 따라서 만일 죽은 사람과 접촉하면 부정을 타서 소정의 의식을 거행할 수 없게 된다는 것을 알고 있었습니다.

사람의 생명을 구하는 일보다도 안식일에 관한 외적 법률 준수에 더 철저했던 것이었지요.

마태복음 11절-12절에,

"예수께서 가라사대 너희 중에 어느 사람이 양 한 마리가 있어 안식일에 구덩이에 빠졌으면 붙잡아 내지 않겠느냐."

12절,

"사람이 양보다 얼마나 귀하냐. 그러므로 안식일에 선을 행하는 것이 옳으니라."하시고….

껍데기에 노예가 되지 마라

51
망상을 벗어야 보인다

1992년 8월 31일 미국 캔터키주 콜드스프링에 있는 세인트 죠셉 성당의 신부가,

"나는 어제 밤 꿈에서 성모 마리아가 하늘에서 내려오는 것을 보았습니다."라고 신자들 앞에서 얘기했고,

"오늘 밤에 그것이 현실로 나타날 것입니다."라고 의미심장한 표정으로 말했습니다.

그러자 신자들을 통해 삽시간에 그 얘기가 퍼져 나갔고 그날 밤에 구름 떼처럼 사람들이 몰려왔답니다.

독자님도 어떻게 됐는지 궁금합니까?

사람들은 숨을 죽이고 밤새 기도하며 기다렸지만 허탕이었답니다. 날이 밝자 신부는 신자들에게,

"아직도 우리의 참된 믿음과 참된 사랑이 부족했기 때문이 아닌가 생각합니다."라고 했습니다.

어떤 신기(神氣)가 있는 사람은,

"절에 부처가 피눈물을 흘리더라."며 실제로 본 것처럼 말을 퍼트리고는,

"나라에 큰 재난이 있을 징조다."라고 해서 한바탕 소동이 난 일도 있습니다.

2001년 9월 11일 뉴욕무역센타 빌딩이 테러 공격으로 무너질 때 검은 연기가 하늘로 솟아올랐습니다.

그 검은 연기를 보고 미국의 어느 광신자가,

"연기의 형상이 분명 악마였다. 악마가 나타났다"며 또 난리를 피운 일도 있습니다.

눈이 내리는 계절이면 교통사고가 많이 납니다. 그래서 눈을 치우는 제설차들이 바쁘게 움직입니다.

제설차가 쌓인 눈을 쭈~욱 밀고 나가면 눈은 양쪽 길가로 치워

껍데기에 노예가 되지 마라

지고 길가에 담벼락이 있는 곳에는 담벼락 높은 곳까지 눈이 쌓입니다.

그러다가 날이 좋아지고 햇볕에 눈이 녹아버리면 담벼락에 눈은 없어지고 눈 자국의 물기가 남게 되는데….

글쎄, 미국의 어떤 광신도가 담벼락 자국을 보고,
"예수님이 오셨다. 담벼락에 예수님 형상이 그대로 계신다. 어제 밤에 이곳에 다녀가셨다."라며 난리 부르스를 떠는 통에 뉴스에도 나오고 한바탕 소란을 피운 일도 있었답니다.

「종말론」이나 「재림 예수」 이야기는 가끔씩 있어 왔고 그런 허망한 말 때문에 삶이 갈급하고 나약한 사람들은 생명을 잃기도 하고 재산을 몽땅 잃어버린 사례들도 있는데 이것들 또한 다 말장난으로 끝난 것을 알고 있는 일 아닙니까?

독자님 주변에서 종교를 빙자하여 거짓말하는 사례나 그런 사람을 알고 또 듣고 있을 것입니다.

가장 큰 죄인이 예수님을 팔거나 부처님을 팔아 자기 이익을 챙기는 일에만 열을 올리며 교회 빌딩이 높아지면 하나님으로부터 은혜와 축복을 받은 듯 착각 속에 도취되고 교만해지는 사람입니다.

「죠지 버나드쇼」는, - 1856-1950 아일랜드 출생, 노벨문학상, 토크쇼 황제 -

"신자가 회의주의자보다 더 행복하다는 것은 술 취한 사람이 멀쩡한 사람보다 더 행복하다는 것과 같다."는 말을 했습니다.

「버트란드 러셀」은, - 1872-1970, 영국 출생, 노벨문학상, 논리주의 철학자 -

"지적으로 성숙한 사람은 기독교를 믿지 않으면서 그 사실을 숨긴다. 자기들에게 불이익이 간다는 염려 때문이다."라고 했으며,

"거짓과 더불어 제정신으로 사느니 진실과 더불어 미치는 쪽을 택하겠다."고도 했습니다.

(위 두 분들의 말은 독자님들의 사려 깊은 이해가 필요할 듯합니다.)

하나님 세계는 망상이나 환상은 없으며 그런 것으로 '구원'을 말하는 사람은 잘못된 신앙인입니다.

delusion(딜루션)이란 단어는 현혹, 혼란, 착각, 기만, 또 '정신의학'에서는 「망상」이라는 단어입니다.

망상이나 미망(迷妄)에서 벗어나기 전에는 깨어날 수가 없습니다.

망상 속에서 벗어나지 못하면 참 하나님이나 참 부처님을 만날 수 없습니다. 깨어나야 합니다.

조용히 믿고 기도하고 "주 예수의 은혜가 모든 자들에게 있을 지

어다.”라는 말씀을 믿고 또 믿으며 부지런하고 겸손하고 성실하게
살면서 이웃을 돌아볼 줄 아는 삶으로 함께하시기를 원합니다.

　“참 좋으신 하나님은 그래도 우리를 예뻐해 주십니다.”

52
참 좋은 나라 만들기

✳
• • •

1953년 7월 27일 한국 전쟁은 휴전 협정으로 전쟁은 멈추었으나 군사 분계선과 비무장 지대가 설치되고 국가는 폐허가 되었으며 국민은 먹을 것도 입을 것도 잘 곳도 없는 거지 신세가 되었습니다.

당시 태국은 GNP가 220불, 필리핀은 170불, 한국은 67불로 인도와 함께 세계 최빈국이었고 세계 언론이나 미래학자들도 한국은 희망이 없는 땅이라고 단언했습니다.

내일이나 미래는 꿈에도 생각할 수 없었습니다. 오직 오늘 굶어 죽지 않고 하루하루를 버티며 사는 것뿐이었습니다.

껍데기에 노예가 되지 마라

그러나 처절한 운명과 환경에서도 포기하지 않았고 도망치지 않았습니다.

1963년 12월 22일 123명의 한국인 20대 젊은 청년들이 독일에 광부 인력으로 떠났고 3년 뒤인 1966년 1월 1일 간호 인력 여성 128명을 시작으로,

광부 8천여 명, 간호 인력 1만 1천여 명이 가난을 벗어나고자 독일로 떠나 사람이 할 수 없는 위험하고 더러운 일을 마다하지 않고 지독스럽게 일해서 받은 월급을 모국에 송금하였습니다.

그것이 씨앗이 되었고 독일로부터 1억 5천만 마르크를 차관하여 한국 근대화가 시작되었던 것입니다.

1964년-1973년, 베트남 전쟁터에 한국군이 참여하였고 참전 수당은 경부 고속 도로 공사의 밑거름이 되었으며 이로써 한반도의 동맥이 흐르기 시작하였습니다.

새마을 운동은 1970년 4월 22일에 제청하여 '71년부터 전국적인 운동으로 확산, 생활 태도의 혁신과 환경 개선, 그리고 소득 증대를 통한 낙후된 농촌 근대화에 불을 집혔습니다.

'60년도에 우리나라 국민 소득이 1,000불을 돌파했고 '70년에는 2,609달러였습니다.

필자는 1969년 베트남 전쟁에 참여하였고, 1971년에 베트남 전쟁에서 돌아와 제대하여 농촌 운동과 4H 운동, 그리고 야간 학교에서 불우 청소년들에게 중학 과정을 지도했으며 당시 마을문고 운동을 미친 사람처럼 하면서 〈어머니 독서대학〉을 한국 최초로 만들어 보기도 했습니다.

그 후에 새마을 운동이 전국으로 확산되면서 자연스레 접목되어 지역 새마을 운동을 함께하게 되었고 그런 공로로 새마을 훈장을 1981년 5월 8일에 받기도 했습니다.

1984년, 새마을운동중앙본부가 서울 등촌동에 만들어졌고, 당시 사무총장이던 분이 충남 금산 산골 필자의 집을 찾아왔습니다.

생면부지의 사람이었지만 얼굴 모습이 당시 대통령과 똑같이 닮아 누구인지 알아볼 수 있었습니다.

"어서 오십시오. 그런데 무슨 일로 이런 시골 저의 집을 다 오시다니요?"

"장 지도자를 만나러 왔지요."

그날 처음 만나는 사이였지만 내 집에서 하룻밤을 함께 자면서 인연을 쌓았습니다. 이튿날 아침을 먹고 난 후,

"새마을본부에서 함께 일합시다."하는 권유에 서울로 상경하였고 연수원 교수로 임용되어 전국 지도자를 위한 교육에 사명감으로 봉직했습니다.

껍데기에 노예가 되지 마라

새마을 운동과 새마을 정신 교육이 잠자는 한국인의 의식을 깨우는 역할을 한 것은 분명합니다.

그러나 그것만으로는 미래 한국을 선진국으로 세우는 역할에 부족함을 느껴 지구상에서 가장 좋다는 유태인 교육을 접목하고자 노력하여 해외에 나가 그 교육 훈련을 받았습니다.

새마을 교육에서 부족한 부분을 채우고자 혁신적인 프로그램을 개발하여 진행해 오다가 뜻하지 않았던 정치적 문제로 영종도 새마을연수원이 문을 닫게 되었으며 당시 여당의 요청으로 대통령 선거전에 합류하여 일을 하게 되었습니다.

그 후 개인적으로 사회 교육원을 만들어 25년 넘게 기업체 교육 훈련에 진력해 오고 있습니다.

1) 질 좋은 교육에 답이 있다

사람을 낳고 기르는 것이 교육이고 다듬고 만드는 것이 교육이며 난사람도 교육으로 만들지만 된 사람을 만드는 것이 교육의 가장 중요한 핵심입니다.

교육자는 말할 것 없고 종교인, 언론인, 정치인 모두가 백년대계의 교육 지향적으로 머리를 두르고 일을 해야 한국이 좋은 나라가 될 것입니다.

만에 하나 교육 지향적으로 가지 못하고 개인 이익이나 집단 이익을 생각하며 일한다면 훗날 모두가 망하는 길입니다.

정당 정치가 민주정치의 장점이지만 자칫 국민과 국가보다 소속 정당의 이익을 우선하는 문제점도 있고 다음 선거를 위한 포석이 우선되는 문제점도 있습니다. 말로는 국가와 국민을 위한다지만….

언론의 역할은 대단합니다. 국민은 언론을 그래도 신뢰하고 그 영향력이 큽니다.

언론 매체들이 알 권리를 충족시켜 주는 것도 중요하지만 교육 지향적으로 사회를 이끌어야 하는 더 큰 사명이 있음을 알아야 합니다.

언론이 사실 보도냐, 진실 보도냐를 고민할 필요는 없습니다. 둘 다 중요하기 때문이고 앞서 말한 「교육 지향적」이라는 사명을 놓치지 말기를 당부합니다.

종교의 사명은 더욱 중요하기 때문에 더욱 교육 지향적이어야 합니다.

맹신도 수를 늘리는 행위, "죽어서 지옥 불에 떨어지지 않으려면…"하며 겁을 주는 행위 등은 멈춰야 합니다.

종교는 「변화」를 주어 새로운 사람으로 태어나게 하는 최고의 과정이며 된 사람을 만드는 역할이 종교의 사명이고 이웃을 둘러보게 하고 사랑을 나누게 하는 역할이 종교의 책임과 사명입니다.

그런 사명들이 모두가 백 년, 천 년을 내다보는 교육 지향적인 것이요. 그래야 참 좋은 나라가 만들어질 것입니다.

2) 도덕 국가가 답이다

2013년 한국의 연간 예산은 342조 원이며 그중 복지 예산이 97조 5천억 원으로 28.3%를 차지합니다. 향후 2020년이 되면 국민 소득 4만 불 이상 되는 시대로 진입한다는 정부 계획입니다.

그때에는 복지가 두 배로 늘어날 것입니다. 그때가 되면 살기가 좋아지겠다는 생각을 모두가 하겠지만 불편한 일들은 또 생겨나기에 복지는 아무리 좋아져도 부족합니다.

'50년대, '60년대 우리 어머니, 할머니들은 여름철에 호미로 콩밭을 매다가도 밭에서 아이를 낳기도 했습니다.

자식을 다섯, 여섯, 일곱… 아홉도 낳았지요. 그래도 누구 손 하나 빌리지 않고 다 키우며 농사일도 집안 살림도 다 했답니다.

선풍기도 냉장고도 일회용 기저귀도 세탁기도 없어 손으로 빨래하고 보리밥을 잔뜩 해서 쉬지 않게 지붕처마 아래에 매달아 두고 찬물에 보리밥 한 덩이 말아서 된장에 풋고추 하나로 여름을 견디었습니다.

지금 내 딸이 시집가서 아이를 낳고 살지만 가전제품 모두 갖추고 살면서도 짜증을 내고 아파트 4층인데도 걸어서는 절대로 못 가고 엘리베이터만 의지하고 삽니다.

과거 내 어머니의 처지와 비교하면 지금은 꿈에서도 상상을 초월한 천국에서 사는 것인데도 말입니다.

그것을 보아도 천국에 이르는 길은 물질이 아님이 증거가 되는 것 같습니다.

과거 내 어머니가 살아왔던 얘기는 이제 사라져 가고 잊혀지고 묻혀 버리게 될 것입니다.

내 사무실이 서울 신림동 전철역 사거리에 있어 자주 가 봅니다.

이곳은 서울대학교가 멀지 않은 곳에 있어서 20대 젊은이의 거리가 되었습니다. 거의 매일 사람들이 뒤엉켜 걸어 다니기가 불편할 정도이고 새벽 2시까지도 젊음의 향연은 계속되는 곳이지요.

이곳 먹자골목이 언제나 대성황을 이루며 술과 담배는 절대 필수인데 문제는 길거리마다 담배꽁초가 널브러지어 있고 밤이면 업소의 홍보 광고 전단지가 또 길거리를 뒤덮습니다.

만취된 20대 초반 여성이 술에 취해 길바닥에 누워 있는 모양이며 가출한 청소년을 경찰의 안내로 집까지 데려다 주는 모양도 보았습니다.

껍데기에 노예가 되지 마라

가게 현관에서 담배를 피우며 가래침을 뱉는 모습이 너무 불쾌스러워,

"이봐요. 학생. 이곳은 사업장 현관이야. 여기서 담배 피고, 가래침 뱉고 꽁초를 버리면 되겠어!"했더니 남자 학생은,

"죄송합니다."라며 밖으로 나가려 했습니다. 그런데 동행한 여학생은,

"아저씨가 뭔데 그래요. 씨~발 좀 피면 안 돼!"라며 덤벼들 기세였어요.

그런데 다행이도 남학생이 막아서며 팔을 잡아끌고 나갔습니다. 하마터면 난감한 일이 있을 뻔했답니다.

그들은 이 나라가 어떻게 여기까지 왔는지 알 수도 없고 알 필요를 느끼지 못할 것입니다.

그 학생은 학생의 할머니가 어찌 살아왔는지 상관이 없겠지만 필자의 가슴은 너무도 많이 아프고 서글픔이 밀려왔습니다.

GNP가 4만 불로 상승하고 사회 복지가 연간 200조가 넘어가면 이 나라가 살기 좋은 낙원이 될 것이라는 착각은 버려야 합니다.

가난했어도, 겨우내 수수깡으로 엮어 만든 고구마 통가리 속에서 점심 한 끼는 날고구마를 꺼내어 형제들이 둘러앉아 먹으면서도 웃음꽃이 피어났는데 그 시절보다 20배, 30배 잘사는 지금 그 시절보다 형제 간 우애는 분명 작아졌습니다.

애정, 우애, 사랑은 물질의 성장과는 반비례된다는 증거를 체험하고 살아갑니다.

도덕 사회를 만들어야 합니다. 도덕 국가가 되지못하면 물질과 금전이 많아질수록 애정 없는 삭막한 사회, 불행한 국가로 추락하게 될 것입니다.

지금 한국은 한국인의 정신적 구심축이 될 만한 역할이 멈춰 섰습니다.

진짜 중차대한 시계 바늘이 멈추어 있고 엉터리 액세서리 가짜 시계가 판을 치며 그것의 노예화가 되어 가고 있으면서도 철부지는 알아차리지 못하고 지식인은 함구하며 휘청거리는 물질 속을 공유하고만 있습니다.

3) 정신적 구심축이 없다

"우리도 잘살 수 있다"는 긍지와 희망으로 새마을 운동과 새마을 교육이 한국 근대사의 구심점이 되었던 것은 누구도 부인할 수 없습니다.

"새벽종이 울렸네. 새아침이 밝았네. 너도 나도 일어나 새마을을 가꾸세…."

지금 10대, 20대, 30대들은 그 노래 가사만 보고 '유치하다'는 생각을 할 수도 있으나 그 시절 못살던 대한민국과 함께했던 60, 70대는 거지꼴로 살던 대한민국을 일으켜 세운 장본인들이기에 그 시절과 오늘의 한국을 보면서 날마다 보이지 않는 눈물을 매일 흘리며 살아갑니다.

지금도 성남에 자리하고 있는 새마을중앙본부연수원은 과거 필자의 직장이었습니다만 지금은 한국인의 구심점 역할을 못 하고 있어 온 지 오래되었습니다.

기적을 일으킨 한국을 배우고자 그 원동력이 되었던 새마을 운동을 배우기 위해 가난을 면치 못한 외국 지도자들이 찾아와 며칠씩 수련을 받고 있는 정도이며 건물 유지와 인건비를 충당하기 위하여 장소 임대업을 주로 하고 있는 실정입니다.

정말 아쉽고 아까운 일입니다. 그 좋은 장소를 잘 활용하여 다시 한 번 좋은 나라 만들기에 지혜를 모아 줄 것을 간곡히 소망합니다.

과거의 새마을 운동은 잘살기 운동으로 물질적 운동이었다면 이제는 정신적 측면의 도덕성 운동으로 전개해 주기를 사회 교육자로서 박근혜 정부에게 전하고 당부 드리고 싶습니다.

앞으로 30년, 50년, 100년 후에 통일 한국의 국민 소득이 4만 불, 5만 불, 6만 불 시대가 온다 한들 사회도덕이 엉망이라면 무슨 소용이 있겠습니까.

늦었지만 지금부터라도 적극적인 도덕성 운동과 국민 교육을 병행해야 좋은 나라를 만들 수 있고 그 일이야말로 세계 리더 국가가 되는 길임을 강조합니다.

세계가 부러워하는 나라는 분명 국민 소득 4만 불 이상과 도덕 국가이어야 합니다.

멈춰 버린 정신 운동, 지금 굳건하게 시작해야 합니다. 중심축을 잃고 비틀거리는 것을 물질 성장만으로는 절대로 바로 세울 수가 없으며 그 성장도 한계에 부딪치고 말 것입니다.

정신 운동과 교육으로 도덕 국가를 만들어야 경제 성장도 안착시킬 수 있음은 기본이며 진리입니다.

무질서한 아들, 담배꽁초 하나도 바르게 컨트롤 못하는 딸자식에게 무엇을 기대합니까.

도덕 국가로의 깃발을 독자님들도 함께 들어 주십시오. 국민 모두의 갈망입니다.

껍데기에 노예가 되지 마라

53
한국의 기적

　2013년 7월, 독일 라이프치히에서 열린 42회 국제기능올림픽대회에서 한국의 대표단이 금메달 12개, 은메달 5개, 동메달 6개를 따내고 52개 참가국에서 종합 우승을 차지했습니다.

　2년마다 열리는 기능올림픽에 1967년 16회 대회부터 27번 출전하여 18회나 우승을 차지했으며 2007년 이후에는 4회 연속 우승을 기록하였습니다.

　2013년 7월 현재,

　세계 51개 나라에 117개 학당에서 세계인이 한국어를 배우고 있습니다.

　유럽, 아시아, 북아메리카, 아프리카, 오세아니아, 남아메리카 등 총 51개국인데 더 중요하고 기쁜 것은 일본어를 배우는 나라의 수보다 한국어를 배우는 나라가 더 많다는 것이지요.

　배우고 가르치는 학당(학원) 수 또한 일본보다 5배나 많다는 소식에 필자는 감동과 기쁨으로 가슴이 뛰었습니다.

　한국어를 배우고 싶은 세계인은 급속히 늘어갈 것이 분명합니다. 그것은 경제 수치가 늘어나는 것보다 좋은 일이며 가치 있는 일이고 미래 한국의 비전이 밝다는 증표입니다.

　언어는 문화 중에 가장 핵심이기 때문입니다.

　지금부터 60년 전, 일본의 식민지를 막 벗어난 지 얼마 되지 않아 나라 추스를 시간도 없이 6.25전쟁이 일어나 휴전이 되기까지 3년 동안 한국은 모든 것을 잃어버렸습니다.

　폐허의 땅 위에 어느 누구도 미래나 내일은 없었고 참혹한 오늘을 어찌 버티며 사느냐가 문제였습니다.

　세계에서 가장 가난한 땅 한국은 세계 미래학자들까지도 다시는 소생하기 어려운 땅이라며 불쌍한 눈으로 고개를 가로저었습니다. 그런데 60년이 지난 오늘, 조선 산업 세계 1위, 자동차 산업 세계

5위, 반도체 생산 세계 1위, 초고속 통신망 보급률 세계 1위, 휴대폰 산업 세계 2위, LCD 생산 세계 2위, 건설 산업 세계 3위, 철강 제조 산업 세계 5위, 무역 규모 세계 12위에 이어 세계 올림픽과 월드컵을 치른 나라, 세계 육상 올림픽, 동계 올림픽(예정), 세계 엑스포를 2번이나 치른 나라가 되었습니다.

뿐만 아니라, UN사무총장직을 한국인이 2번이나 하고 있으며 세계은행 총재가 한국인이며 세계보건기구 사무총장을 한국인이 역임했고, 월드컵 세계 4강 신화, 피겨스케이팅의 여왕 김연아 선수가 있으며 축구 선수 박지성, 야구에 LA다저스 류현진 선수, 신이 내린 목소리 세계적인 소프라노 조수미, 단숨에 세계를 열광시킨 가수 싸이, 그 외 한국 문화 수출을 위해 빛낸 얼굴들이 너무도 많습니다.

불과 60년 만에 일궈낸 일이지요. 회생이 불가능한 땅에서 세계 역사상 유래가 없는 기적임에 독자님도 동의하십니까?

세계 경제 10위권 진입이라는 사실이 놀랍고 한국은 분단국이지만 여성 대통령이 탄생된 것도 분명 엄청난 변화이며 선진국으로의 모양을 갖추고 있는 것 같습니다.

분명 희망이 있는 대한민국입니다. 60년 만에 세계가 놀랄 일을 해온 한국인이 앞으로 60년 후에는 어떤 모습으로 기적의 역사를 만들어 갈까 기대되지 않습니까?

세계 평가 기관인 영국의 피치 IBCA, 미국의 무디스(Moodys)와 스탠더드 앤드 푸어스(S&P)를 3대 평가 기관이라고 합니다.

세계 금융 시장을 좌지우지할 만큼 막강하며 이들 기관은 각국의 정치, 경제 상황과 향후 전망 등을 종합적으로 평가해 국가별 등급을 발표하고 있습니다.

2014년 4월 한 달 동안 우리나라의 수출액이 503억 달러(52조 원)이며 수입액은 458억 5,200만 달러입니다. 이에 따라 44억 6,200만 달러의 무역 흑자를 냈으며 2012년 2월 이후부터 27개월 연속 흑자를 내고 있습니다.

품목별로는 선박, 자동차, 석유제품, 철강, 무선통신기기 등 이였습니다. 가능성이 충분한 대한민국이 분명합니다.

2007년, 미국의 세계적인 투자은행 골드만삭스는 2025년에 한국은 세계 9대 경제 강국에 오를 것이므로 브라질 · 러시아 · 인도 · 중국을 일컫는 "브릭스(BRICs)"에 한국을 포함시켜 "브리크스(BRICKs)"라고 바꿔 불러야 한다고 말했습니다.

그뿐 아니라, 2050년에는 한국이 1인당 GDP 8만 1,000달러를 기록, 일본과 독일을 따돌리고 미국에 이어 세계 2위의 경제 부국이 될 것이라고 전망도 했습니다.

과연 터무니없는 전망이었을까? 그 답은 우리의 몫이지만 기성세대는 우리 젊은 아들딸, 후배들이 그렇게 만들어 가도록 징검다리를 놓아 주는 일에 소홀함이 없어야 합니다.

그런데 아직도 곳곳에는 부끄러운 일들이 많습니다. 공기업은 수십 조 원의 마이너스 경영을 하고도 책임지는 사람도 없이 아무렇지도 않은 듯 반복을 계속하고 기업은 공익은 말뿐이며 사익을 취하기에 추한 모습을 보이는 사람들이 있어 세금 내는 국민은 속이 터집니다.

19대 국회는 세월호 사건에 휘둘려 국회의원 역할을 방치하고 역대 최하위의 무능을 보이고 있습니다.

그래도 고치고 다듬어 가는 고통과 인내로 후손들에게 건강한 대한민국을 넘겨주자는 데에 모두 공감하리라 믿습니다.

54
멍들게 만드는 사람들

✳
. . . .

1) 쥔 자와 가진 자들

대한민국을 이만큼 성장하게 만든 장본인은 당연히 각자의 위치에서 열심히 살아온 국민입니다.

또한, 대통령직에 있었던 분들의 국가 경영 능력도 대부분 훌륭했으나 '좀 더 잘 했더라면'하는 아쉬운 분도 있었습니다.

어쨌거나 그 분들의 경영 전략과 세계를 뛰어다니며 세일즈 외교를 잘한 덕으로 자원 없는 한국이 자원을 싼값에 들여와 가공한 후 역수출로 우리가 돈을 벌었습니다.

껍데기에 노예가 되지 마라

그런 역할을 모두가 참 잘했다고 박수를 드리고 앞으로도 우리가 더 성장할 길은 프로 세일즈 대통령이 되어야 한다고 강조하는 일에는 누구도 이견이 있을 수 없습니다.

필자는 세일즈맨으로 성장했고 한국에 세일즈맨사관학교를 세워 23년 넘게 운용해 왔습니다.

다 좋은데 문제는, 대통령직에 있으면서 무엇이 부족하여 사적으로 왜 돈 챙기려고 하는지 도무지 이해가 안 됩니다.

퇴임 후에 꼭 시비가 생기고 법으로 시끄럽게 소란을 피우는 행위를 멈추지 않고는 참 좋은 나라를 만들 재간이 없습니다.

필자가 알아보니 대통령이 퇴임하면 받는 여러 가지 혜택이 다음과 같습니다.

1) 전직 대통령에 대하여는 매월 연금을 지급한다. 연금 지급액은 지급 당시 대통령 월급의 95% 상당액으로 한다.

2) 전직 대통령의 유족 중 배우자에 대하여는 유족 연금을 지급하되 그 연금액은 지급 당시의 대통령 보수 년 액의 70% 상당액으로 한다.

3) 전직 대통령의 유족 중 배우자가 없거나 배우자가 사망한 경우에는 그 연금을 전직 대통령의 30세 미만의 유자녀와 30세 이상의 유자 녀로서 생계 능력이 없는 자에게 지급한다.

4) 전직 대통령을 위한 기념사업을 민간단체 등이 추진하는 경우에는 관계 법령이 정하는 바에 따라 필요한 지원을 할 수 있다.

5) 전직 대통령은 비서관 3인을 둘 수 있다. 비서관은 전직 대통령이 추천하는 자 중에서 임명하되, 1인은 1급 상당 별정직국가공무원으로, 2인은 2급 상당 별정직국가공무원으로 한다.

6) 전직 대통령 또는 그 유족에 대하여는 필요한 기간의 경호와 경비, 교통 · 통신 및 사무실의 제공 등 전직 대통령으로서의 필요한 예우를 할 수 있다. 경호는 대통령 경호실법에 따라 7년 간 청와대가 맡 는다.

위와 같은 예우를 국가에서 하는데도 거짓말하고 감추고 돈세탁하는 추한 행위를 일국의 대통령 자리에 있던 분들이 왜 할까?

그 행위를 멈추지 못하면 청렴한 공직자가 있기를 바라지 못할 것이고 남의 집에 몰래 들어가 몇 백만 원 훔치는 것을 멈추게 할 수 없을 것입니다.

회고록이나 쓰고 특강이라도 하고 못다 한 골프도 하고 아니면 후원 사업이나 나라를 위해 마지막 할 일을 연구하고 발표하면 참 근사할 텐데….

꼭 퇴임 후에 혀를 차는 일이 벌어지게 하는 추한 졸부의 행위를 제발 멈추어 주기를 소망합니다.

껍데기에 노예가 되지 마라

안 되면 법으로 묶어 놓아야 할 것 같습니다.

'퇴임 후 거짓말하고 돈 먹은 사실이 발각되면 그 아들과 손자는 모든 공직을 평생 가질 수 없으며 먹은 돈은 아들, 손자까지도 연대 책임으로 평생 갚아야 한다.'

답답해서 해 본 말입니다. 좋은 나라를 만들어 가야 합니다. 어떻게 살아왔는데, 죽음도 불사하고 피눈물 흘리며 여기까지 만들어 왔는데….

우리 아이들에게 참 좋은 나라를 물려줘야겠다고 약속합시다. 젊은이들도 약속합시다.

한국의 기적을 이해하고 아버지 세대와 할아버지 세대가 어떻게 살아왔는지를 이해하며 앞으로 전개될 미래 한국은,

"우리 아들들이 나라를 이만큼 성장시켜온 아버지, 할아버지를 자랑스럽게 알고 그 존엄한 가치를 이어받아 더 아름답고 더 좋은 나라를 만들겠습니다."

이렇게 하기로 다시 한 번 약속의 손을 힘껏 잡아 봅시다.

2) 가진 자와 쥔 자

국가 경쟁력은 여러 가지 형태가 있으나 세계적인 대기업을 육성하는 일이 중요하고 그들이 국가를 지탱케 해 주는 기둥이 되기도

하는 것은 사실입니다.

그런데 일부 대기업들이 불법의 돈을 해외로 옮겨 놓고 부를 축적하거나 갖가지 방법으로 낭비하는 일들이 언론에 오르내립니다. 이에 기업을 키우는 데 땀 흘린 사람들의 속이 뒤집히는 일도 한두 번이 아니었을 것입니다.

그런 기업 뒤에는 꼭 나쁜 고리가 연결되어 있습니다. 쥔 자와 가진 자의 연결 고리지요.

그런 고리 때문에 딱하게 되는 사람이 있게 되고 심하면 세월호 사건처럼 무서운 일이 터지는 원인이 되는 것이 아니겠습니까.

기업은 공익성이 있어야 하고 사람 존중과 함께 이익 창출이 되어야 하며 이익 경제는 재투자로 기업을 튼튼히 키워 일자리를 늘려야 함이 기본이 되어야 합니다.

가진 자, 쥔 자의 리더십과 경영십이 제대로 가동될 때 국가는 건전한 성장이 될 것이고 살맛나는 사회가 만들어질 것입니다.

3) 붕어는 왜 화를 냈을까

장주(장자의 본명)는 집안이 가난했습니다. 살림살이에 통 무관심한 장주에게 아내는 늘상 바가지를 긁어 댔는데, 어느 날 양식거리가 떨어지자 아내의 바가지는 또 시작되었습니다.

껍데기에 노예가 되지 마라

견디다 못한 장주는 집을 나섰고 이곳저곳을 배회하다가 친구인 감하후를 찾아가,

"겉보리 서 말만 꿔 주시오." 장주의 청에 감하후가 대꾸 했습니다.

"아니야, 이왕이면 고을에서 세금을 거둬다가 자네에게 삼백 냥쯤 주지." 장주는 이 말에 화를 버럭 내더니 그리고는 이렇게 말했답니다.

"아까 오는 길에 길가에서 누가 날 부르기에 살펴보니 수레바퀴에 패인 웅덩이 속에 붕어 한 마리가 퍼득대고 있습디다. 그래서 내가 물었소. "붕어 씨 아닌가? 여기서 대체 뭘 하고 있는 건가?"

그랬더니 그놈이 대답하기를,

"나는 동쪽 바다에 사는 붕어요. 당신이 물 한 초롱만 부어 주면 나는 살 수 있소"라고 합디다.

그래서 나는, "내가 온 천하를 돌아다니며 큰 강물을 끌어다 자네를 구해 주겠네."라고 했더니 그 녀석이 화를 벌컥 내면서,

"나는 물이 없으면 살 수가 없소. 지금 물 한 초롱이면 살 수 있는데 그런 엉뚱한 소리를 지껄이다니. 그럴 바엔 일찌감치 건어물 가게에나 가서 날 찾으시오!'라고 하더이다."

한국경제 지표는 계속 상승되고 있습니다.

IT 업계, 자동차 업계, 조선, 철강, 해외 건설, 석유 화학, 반도

체, 일반 기계, LCD, 가전, 석유 제품 등 수출은 증가되고 수출국 순위도 중국, 미국, 독일, 일본, 네덜란드, 프랑스에 이어 한국이 7위가 되었습니다.

2010년 기준 LCD가 수출 1위, 조선과 무선통신기기가 2위, 반도체가 3위, 자동차와 철강 석유 화학이 5위, 일반 기계가 9위를 차지했습니다.

2013년도 수출은 5,597억 불이고 수입은 5,155억 불, 무역 수지는 442억 불의 흑자를 냈습니다.

한국의 경제와 한국의 위상 등에서 세계사에 유래 없는 짧은 시간에 눈부신 발전을 하고 있음이 역력하고 가슴 뿌듯합니다.

그런데 문제는 삶의 질과 행복 지수 그리고 서민 생활의 불안이 산적해 있다는 것입니다.

부산 저축은행 사건은 돈과 권력의 합작품이고 파렴치한 행각들은 그 끝이 보이지 않고 있으나 돈 없고 소외된 서민들은 무슨 짓들인지 알 필요도 없이 하루하루 먹고 입고 자는 일이 걱정일 뿐이지요.

전국에 새로 지어진 아파트가 빈 곳이 아무리 많아도 없는 사람들에겐 그림의 떡이고 월세 단칸방에 살고 있으면서 월세를 제때에 내지 못해 속 태우고 불안한 삶을 하는 서민들에게는 국가 경제가 좋

껍데기에 노예가 되지 마라

아지고 대기업의 수출이 늘어 GDP가 상승해도 별 도움이 안 되며 딴 나라 이야기처럼 들릴 뿐입니다.

공공요금 인상, 물가와 카드빚에 눌려 가난한 서민은 당장 먹을 것이 부족하고 아이들 교육마저도 신경 쓸 여건이 되지 못하고 있는데, 선거 바람이 불고 그 바람 속에 정치인은 지키지도 못할 공약이나 하고 국가 재정을 자기 지역에 끌어대려는 한국판 부도 수표 남발이 이어지고 있습니다.

이처럼 서민 따로 권력과 돈 해먹는 자 따로 돌아가는 모양새를 어떻게 하면 멈추게 할 수 있겠습니까.

선거와 향후 정책이 「장주」처럼 겉보리 서 말이 급한 서민에게는 각종 선거와 향후 정책으로 무역 1조 불 시대를 만들고 국가 등급이 상승되어도 반갑지 않습니다.

아직도 고통을 겪고 있는 우리 이웃 가족들을 챙겨 가며 거품 없는 진솔한 살림꾼이 필요합니다.

이제는 국가 등급 순위보다 불편해하는 국민 수를 줄이는 정치를 펼 때가 되었고 그것이 진정한 복지입니다.

흥청망청 줄줄이 해먹는 짓부터 멈추게 해야 복지를 말할 자격이 있는 정부며 정치인이 될 것입니다.

55
일자리와 시간 효율

❋
. . . .

누구나 잘살고 싶어 합니다. 잘산다는 것은 생산적인 일터가 있으며 의, 식, 주를 걱정하지 않고 가족이 문화생활도 하고 개인적으로 취미나 특기 생활도 할 수 있고 형제와 친구 그리고 이웃과 사이좋게 지낼 수 있는 삶이 잘사는 것이라 생각합니다.

무항산자무항심(無恒産者無恒心)은 맹자 선생의 경제학이며 나라를 다스리는 기본 철학입니다.

일정한 생산적인 일이 없는 사람은 항상 가져야할 착한 마음이 없어지게 되어 생활이 불안정하며 방황하거나 부정 또는 탈선할 수 있

껍데기에 노예가 되지 마라

다는 뜻으로, 오늘날 일자리를 만들어 주는 정책이 가장 중요한 것임을 말해 주고 있습니다.

「일자리」는 삶에 가장 소중한 것입니다. 맘에 들지 않는 일이라고 대충하거나 불퉁거리며 일하면 더 좋은 일은 나에게 찾아들지 않는 법입니다.

어떤 일이든 지금 내가 하고 있는 일을 사랑하고 몰입하십시오. 함께 일하는 동료로부터 또 주변 사람들로부터 성실하다고 칭찬을 받는다면 당신에게는 더 좋은 단계의 일을 만나게 될 것이 분명합니다.

지금 지나가는 이 시간을 놓치면 다시는 이 시간은 없습니다. 지금 이 시간을 지독하게 사랑하십시오. 그런 사람은 잘살 수 있습니다.

지금 하는 일을 진정으로 사랑하고 열심히 하십시오. 맘에 들지 않는다고 대충하면서 다른 곳을 기웃거리는 사람은 열 번 업을 바꿔도 매 마찬가지입니다.

지금 만나고 있는 사람이 가장 소중한 사람이라 생각하고 정성과 예절과 사랑으로 대하십시오.

그리하면 반드시 당신이 얻고 싶은 모든 것을 가지게 될 것입니다. 그것이 잘사는 사람들의 〈시크릿〉입니다.

1970년대 중반에 필자가 옷을 만드는 사업을 한 일이 있습니다. 그 당시 재건복, 학생복, 교련복, 잠바, 가죽옷과 신사복까지 만들었는데 함께하는 직원들은 대부분 20대, 30대였고 공장장만 40대 정도였습니다.

당시 그들은 가정환경이 좋지 않았고 학력은 초등학교 졸업이나 중학교 중퇴자가 대부분이었습니다.

약 20명 정도의 젊은이들이 아침 9시에 출근하여 저녁 9시 정도까지 일하고 일이 많은 날은 10시, 11시까지도 야근을 하였습니다.

그런데 그들이 하루 종일 일하는 모습을 지켜보았더니,

출근시간도 정확히 지키지 않았고 일을 진행하는 중에도 불필요한 시간 낭비가 많았습니다.

화장실 갔다가 담배 피우고 잡담하고 들어오는 시간이 20분, 30분이고 점심 먹고 개인 볼일 보느라 또 30분 정도를 허비하고 그보다 더 심한 시간적 낭비는 일하다가 잡담하는 시간과 일하는 일손들이 민첩하게 움직이지 않았고 세월아 네월아 식이었습니다.

그런 그들을 보면서 딱한 마음이 들었습니다. 하루 종일 환경도 좋지 않은 공장의 형광 등불 아래서 바느질로 젊은 시절을 보내는 그들이 후일 어떤 꿈을 설계를 하고 있을까(?) 생각하면 더욱 측은

껍데기에 노예가 되지 마라

한 마음이 일어났습니다.

　월말이면 월급 정산과 회식이 있는 날이지요. 사장인 필자는 그
날 그들에게 두 가지를 제안했습니다.

　첫째로 제안한 것은,

　"다음 달부터 퇴근 시간을 2시간 앞당겨 일찍 퇴근하자."

　"예~?"

　"왜, 싫은가?"

　"그게 정말입니까?"

　"정말이지. 일찍 퇴근해서 가족들과 저녁 식사도 함께하고 개인
시간도 활용하고…그 대신 조건이 있다."

　"조건이 뭔데요?"

　"2시간 일찍 일을 마치는 대신 일은 더 매끄럽게 나와야 하고 일
량도 더 빠져야 한다는 조건이다."

　"일 량은 어느 정도를 말합니까?"

　"예를 들면, 하루에 바지 30장을 만들었던 미싱사 조장은 자기 조
에서 1장 이상을 더 만들어 내야 하는 조건이지. 가능하겠는가?"라
고 했더니 잠시 말이 없던 공장장이,

　"가능합니다."라며 말하자 모두들,

　"할 수 있습니다."라고 대답하였습니다.

그날 나는 그들에게 인생의 가치와 삶의 방법에 관하여 나름대로 역설했고 시간의 중요성을 강조했습니다.

그 시절, 옷을 만드는 봉제 업종에서 보면 2시간 일찍 퇴근하는 것은 대단한 혁신이었답니다.

두 번째의 제안은,

"새벽 6시에 학교 운동장에 전원 참석하여 조기 축구를 하는 것이다. 동의해 주면 모두 츄리닝 한 벌씩을 당장 맞춰 주겠다."

그러자 모두는 환호성과 함께 찬성했습니다. 당시 츄리닝 한 벌은 상당한 가치와 의미가 있었습니다.

"만약 조기 축구에 지각하면 벌금 500원이고 결석하면 1,000원이다. 그 돈을 모아 월말 회식비로 사용하는 데 불만 없기로 동의하면 이름 쓰고 사인해라."했더니 모두는 사인을 했고 그것을 공장 벽에 붙여 놓았습니다.

그런 일이 있은 후, 출근 시간도 정확히 지켜졌고 더욱 신통한 것은 2시간 단축했는데도 바느질은 더 매끄럽게 나왔으며 약속한 대로 일의 량도 한 개씩을 더 만들어 냈답니다.

직원들의 모습은 더욱 활기가 있었고 일을 하는 동안에는 몰입이 되어 일도 즐겁고 피곤함도 감소되는 것 같다고 했습니다.

생각을 바꾸고 방법과 제도를 바꾸니 능률이 배가되고 시간

껍데기에 노예가 되지 마라

절약과 생의 보람까지도 얻을 수 있게 됨을 직접 보았습니다. 가장 짧은 시간에 최대의 효과를 얻어낼 수 있는 방법은 '몰입'과 '집중'임을 독자님께 강조해 두고자 합니다.

56
아딸 떡볶이

✳
· · ·

40대 중반, 성실한 성공 한국인 한 사람을 소개합니다. 어릴 적 교회 목사이신 아버님을 존경하여,

"나도 어른이 되면 아버님처럼 될 거야"라며 꿈을 가졌지만 교회 살림이 기울어지면서 청년이 된 이경수 씨는 장사를 생각했습니다.

경기도 문산에서 장인은 튀김을, 아내는 떡볶이를 만들고 이경수 씨는 어묵 국물을 지나가는 학생들에게 나누어 주며 홍보와 뒷심부름을 했던 것이 밑거름이 되어,

2000년 11월, 서울 금호동에 〈자유 시간〉이란 분식점을 열었고

껍데기에 노예가 되지 마라

동네에서 맛 집으로 소문이 나 방송에까지 출연하게 되었답니다.

방송 출연 후 이화여대 앞으로 매장을 옮기면서 이름을 〈아딸〉로 바꿨는데 아버지(장인)와 딸(아내)의 약자랍니다.

2008년 전국 체인 200호점, 2011년은 900호점,

그리고 중국 북경에 2호점이 상륙했으며 2013년 7월 현재 1,000 호점 돌파로 연간 매출이 1,500억 원이상(본사 홍보팀에 문의했더니 밝히기를 원치 않아 필자 추산임)이 될 것으로 알고 있습니다.

지금까지 소개한 내용보다 〈아딸〉 이경수 대표를 좋아하는 이유는 몇 년 전 신문 인터뷰 기사에,

"성공의 요체가 무엇입니까?"라는 기자의 질문에,

"대형 마트 정육점 코너에서 파를 써는 일을 하게 됐다고 칩시다. 어떤 사람은 이 일이 내 인생에 도움이 될 것이라고 믿고 파 써는 일에 모든 것을 바치지만 어떤 사람은 '어차피 돈 때문에 하는 것이니까?'하면서 시계만 봅니다. 후자는 뭘 해도 성공하기 어렵습니다. 아무것도 아닌 것 같은 일에 모든 것을 바치는 사람이 뭘 해도 성공합니다."

"앞으로 소망이 있다면 무엇입니까?"라는 기자의 질문에,

"내 주변 사람들로부터 '당신과 함께해서 '행복했다'는 말을 듣는

것"이라고 했습니다.

아이들로부터 '당신이 내 아버지여서 행복했다'는 말을 듣는 것이고 아내에게서는 '당신이 내 남편이어서 행복했다'는 말을 듣고 싶습니다.

그리고 정말 어려울 때부터 함께 해온 하청업체 사장님들이 10년, 20년 후에 '당신과 함께 일해서 행복했다'고 한다면 원이 없겠습니다. 그분들이야말로 내가 정한 원칙을 믿고 따라와 준 분 들이니까요."

〈아딸〉 이경수 대표의 정직한 철학이 온 세상에 퍼져 나가길 기도합니다.

껍데기에 노예가 되지 마라

57
사지 (四肢) 없는 행복 전도사

＊
. . .

만일 내가 사지가 없는 아이로 세상에 태어났다면 어찌 살았을까? 아무것도 할 수 없다는 절망의 늪에서 벗어날 수 있었을까? 괴이한 몸통뿐인 나를 보는 사람들의 시선을 받아들일 수 있었을까?

사지가 없는 호주의 31세 「닉 부이치치」가 2013년 6월 7일 서울 서빙고 온누리 교회에서 강연을 했습니다.

"자신을 가치 없는 존재라고 말하지 마세요. 누구나 세상에 태어나 살아가는 이유가 다 있습니다. 실수는 누구나 다 하지만 삶과 존재 자체가 실패인 사람은 없습니다."

팔과 다리가 없이 태어나 왕따도 이겨 내고 온갖 좌절을 극복하고 여러 차례 자살의 유혹도 이겨 내며 세계를 돌아다니면서 마음이 허약한 사람들에게 용기와 희망을 주는 전도사 「닉 부이치치」가 한국 교회에 와서 메시지를 전했습니다.

2010년 그의 처음 작품 〈허그〉라는 책은 세계 30개 국어로 번역 출간되었고 한국에서도 20만 부가 팔렸답니다.

그는 지난 7년여 동안 세계 47개국을 돌며 400만 명이 넘는 사람들에게 힘과 용기를 주었습니다.

"한국의 학생들이 극심한 경쟁과 집단 괴롭힘 때문에 자살률이 높다는 말을 들었다"며 그런 청소년들에게 자신의 경험담을 전해 주었습니다.

그는 호주에서 장애인 학교가 아닌 일반 학교에서 초, 중, 고, 대학을 졸업했으나 자신을 따돌리고 괴롭히는 아이들에게 시달리다가 지쳐서 자살을 3차례나 시도했답니다.

"학교 전체에서 휠체어에 앉은 사람은 나 혼자뿐이었죠. 혼자라는 느낌이 팔다리가 없는 것보다 나를 더 괴롭혔습니다."

그는,

"나를 괴롭히는 아이들은 내가 분노로 반응하길 원했지만 나는 그

껍데기에 노예가 되지 마라

런 악한 의도에 결코 지지 않았다.”고 말하면서,

"단 한 사람이라도 자신의 말을 들어 줄 사람을 만드세요.” 라고 주문했습니다.

"무엇보다도 중요한 것은 당신이 특별하고 소중한 존재라는 것을 깨닫는 것입니다. 외모나 성적은 중요하지 않아요. 세상에 많은 꽃이 있고 완벽하지 않다 해도 그 꽃들은 모두가 아름답습니다.”

그는,

"부모가 아이들에게 더 큰 애정과 사랑을 보여 주고 소통하는 것이 무엇보다 중요하다.”고 조언해 주었습니다.

그는 더 무서운 말을 했습니다.

"아이들이 죽어 가고 있습니다. 또래 친구가 아닌 부모가 아이를 괴롭히는 경우도 많아요. 부모의 욕망으로 아이의 인생을 재단하고 압박해선 안 됩니다.”라고 조언했습니다.

"어렸을 적 그는 죽기 위해 욕조에 물을 받고 그 속에 들어가 누웠을 때를 생각하면 지금도 아찔하다.”며,

"순간의 감정과 우울을 이겨 내지 못했다면 내 앞의 아름다운 인생을 만나지 못했을 것이다.”라고 말했습니다.

"모든 건 지나갑니다. 당신의 인생도 아름다워질 수 있어요. 내가 그 증거입니다.”

「부이치지」는 2012년 2월에 일본계 미국인 여성과 결혼했고 2013년 2월에 아들을 낳았습니다.

그의 세계 순회강연은 다큐멘터리 영화로도 제작된다고 합니다.

"아직도 내 옷장에는 신발 한 켤레가 있습니다. 팔다리가 새로 나는 기적을 꿈꾸면서요. 그런 기적이 일어나지 않는다 해도 나는 다른 사람을 위해 기적이 되고 싶어요. 누군가 나로 인해 용기를 얻는다면 세계 어디든지 주저 없이 달려갈 겁니다."

– 2013년 6월 8일자 조선일보 참조 –

필자는 「부이치지」의 글을 읽으면서 내가 살아온 인생을 돌아보았습니다.

"지금부터라도 내 인생의 허리끈을 더 졸라매고 내가 할 수 있는 일에 다시 도전장을 내겠다."는 마음을 다졌습니다.

동굴 대 탐험

지금부터 10여 년 전에 여의도 63빌딩 1층 〈아이맥스〉라는 영화관에서 '동굴 대 탐험'이라는 기록 영화를 본 일이 있습니다.

지금껏 인간의 발이 닿지 않은 미지의 동굴을 탐험대 요원들이 찾아 들어가는 현장을 생생하게 촬영한 필름인데 영화를 보는 동안 손에 땀이 나고 가슴이 방망이질했답니다.

한마디로 스릴 만점이었습니다.

껍데기에 노예가 되지 마라

'아차' 실수 한 번에 생명이 위험한 장면들이었습니다.

특히 북극의 얼음 동굴을 탐험하는데 얼음 바위들이 150년이나 되었답니다.

밧줄을 타고 100미터 아래로 들어가 쇠파이프로 얼음 바위 속을 깊게 찔러 넣고 얼음을 채취하고는 실험실로 이동하여 채취한 얼음을 대형 확대경으로 비추니 그 속에서 살아 있는 생명체가 꿈틀거렸습니다.

관객들은 탄성을 질렀습니다.

"아니, 150년 된 얼음 바위 속에 살아 있는 생명체가 있다니…."

영화가 끝날 무렵, 해설자의 설명에 감동의 박수가 쏟아졌고 눈물이 핑 돌았습니다.

"오늘 보신 탐험대들은 목숨을 내걸고 세계인의 건강을 위해 신약 개발 물질을 찾아 나선 분들입니다. 이번 탐험에서 얻어낸 신물질로 세계 어린이 심장병을 ㄲ쳤습니다."

그 해설이 관객을 사로잡았던 것입니다.

그런데 필자는 또 한 가지 놀란 사실이 있습니다. 영화 맨 끝에 탐험 대원 한 사람씩을 소개하며 탐험복을 벗는 장면이 있었습니다.

탐험복을 입은 사람들이 체격이 좋은 남성인 줄 알았는데 팀 리더가 왜소한 여성이었고 '학교 선생님'이라고 소개했을 때 필자는 큰 충격을 받았습니다.

그 후 '인류의 건강을 위해 목숨 버릴 각오로 일하는 여성도 있는데 난 지금껏 뭘 하며 살았나…?' 3일을 고민했고 나의 외소함과 소극적 삶에 큰 반성을 했습니다.

독자님! 지금 혹시 불행하다고 생각하십니까?

나는 할 일을 다 했다고 생각하십니까?

무엇을 위해 남은 생애에 에너지를 쏟아낼 것입니까?

"당신의 가치는 지금 어디에 있느냐가 아니라 어디를 향해 가고 있느냐로 결정됩니다."

과거의 나에 발목을 잡히면 나머지 인생은 희망이 없습니다.

그래서 「스피노자」가 "내일 죽을지라도 오늘 사과나무를 심겠다."고 했나 봅니다.

껍데기에 노예가 되지 마라

58
교육의 힘

    교육은 요람에서 무덤까지 사람을 만들고 키우는 최상의 길이요. 장르이며 프로그램입니다.

    사회가 불안정하다 해도 교육만 살아 있다면 안정 사회로 바꿔 놓을 수 있는 것은 시간문제입니다. 국가 경제가 흔들린다 해도 교육만 살아 있다면 경제도 바로 세울 수가 있습니다.

    사회도덕이 무질서하다 해도 교육만 굳건히 살아 움직인다면 도덕 사회로 가는 길은 시간문제입니다.

    그런데 교육은 돈 버는 교육, 점수 잘 받는 교육, 좋은 대학가고 대기업에 취직하는 교육으로 치닫고 있을 뿐, 사람 교육이 상실된 지 오랩니다.

기업 경영도 사람 경영입니다. 국가 경영도 사람 경영입니다. 그런데도 사람 교육을 대충 대충하는 기업과 국가를 이끄는 정치가 항상 시끄럽고 책임도 없고 질서도 예절도 없으며 부정과 부조리가 요동치고 있습니다.

초, 중, 고 교육이 점수와 성적순 위주 교육으로 치닫고 진학 위주 교육으로 몰아가면 청소년 갈등과 학교 폭력은 줄어들지 않을 것입니다. 인문학을 중시해야합니다.

각자의 인성과 사회도덕이 자기 인생과 국가 미래의 운명을 가름할 중차대한 사실임을 일깨워 주어야 할 것이고 소통 훈련과 팀웍훈련 그리고 리더십 교육이 강화되어야 할 것입니다.

학부모도 이웃과 경쟁하듯 어린 자녀에게 학원을 네다섯 개씩 다니도록 몰아가는 것은 아이 인생을 위한 것이 아니라 부모의 욕망을 채우려는 행위가 아닌지 두렵게 경계해야 할 일입니다.

교육은 개인 인생의 에너지이며 사회 조직의 활력소이고 국가 미래의 동력을 키우는 최상 최고의 에너지입니다. 그러므로 교육을 소홀히 하거나 대충한다면 미래는 희망이 보이지 않습니다.

십여 년 전에 공무원 교육원에 들러 본 일이 있는데 필자는 너무도 큰 충격을 받았습니다.

전국에서 온 사무관급 공무원이 강의실에서 졸음이 아닌, 절반가량이 책상에 엎드려 자고 있었으며 강사는 아랑곳하지 않고 강의를 계속하는 것을 보았습니다.

"세상에 이럴 수가…."

교육운용과로 뛰어올라가 교육운용과장에게 큰소리로 야단을 쳤습니다. (물론 야단칠 위치에 있는 사람은 아니지만)

"당신이 교육운용과장이오?!"

"네~. …그런데 누구시지요."

"이보시오! 지금 교육 중에 교육생들이 절반 이상 자고 있는 것을 알아요!"

당황한 과장은 아무 말을 못했습니다.

"교육생이 절반이나 왜 잠을 자는지 그 이유를 알기나 합니까?"

그래도 과장은 아무 말을 못하고 필자만 보고 있었습니다.

"자는 이유는 세 가지입니다. 첫째가 강의하는 교수의 문제, 둘째가 교육 프로그램의 문제, 셋째가 교육 운용의 문제입니다. 그런데 여기는 세 가지 모두가 형편없어 보입니다."

서기관 직급의 공직자를 호통 칠 위치는 아니지만 사회 교육자로서 정말 화가 났습니다.

이곳에 발령받아 온 지가 얼마 되지 않아서 잘 모른다는 구차한 변명과 얼마나 이곳에서 근무할지도 모르지만 자신의 전공 분야가 아니라서 곧 전공 부서로 옮기게 될 것이라는 말을 들으면서,

이 중요한 공무원 교육장으로 발령을 내 준 그 윗선이 한심한 생각이 들었습니다.

누구를 탓 하리오. 너무 답답하여 일간 신문에 칼럼을 써서 그 내용을 소개했습니다.

〈누가 잠을 깨우겠는가〉라는 제목이었습니다. 그런다고 달라지는 것이 있겠습니까? 필자의 속 풀이만 한 거지요.

공직자이든 기업체 임직원이든 연수 교육에 시간만 허비하고 교육비만 연중행사로 지출하는 일을 멈춰야 합니다.

아주 오래 전, 삼성그룹연수원을 견학한 일이 있었는데 역시 달랐습니다. 세계 기업이 그냥 되지 않음을 직접 보고 왔던 일이 있었습니다.

독자님!

교육은 어떤 행위보다도 중심의 자리에 놓아야 합니다. 교육은 에너지를 만들고 안 되던 일도 상상을 초월할 만큼 일이 풀려나가도록 할 것입니다.

교육은 백년대계의 힘을 기르는 인간 세계에서 가장 보배로운 역

껍데기에 노예가 되지 마라

할입니다.

독자님들의 교육에 대한 인식 전환을 감히 요구 드리며 동의해 주리라 믿겠습니다.

또 하나, 덧붙이고 싶은 것은 교육 중에 가장 중요하며 핵심교육은 기본 교육입니다. 기본은 주춧돌이요. 대들보입니다. 기본 교육이 되지 않은 상태에서 제아무리 앞서 가는 세상의 지식을 섭렵한다 해도 그 가치는 곧 시들고 말 것입니다.

기본이 바로 된 교육은 퇴색도 없고 무너질 수도 없습니다. 기본이 바로 선 가정, 기본이 제대로 된 기업, 기본이 튼튼한 국가는 번영의 꽃이 필 것입니다.

어떤 방향이나 어떤 과목이라도 기본이 문제입니다. 필자가 사회교육자로서 기본 교육 프로그램을 25년 동안 고수하며 진행하는 이유도 여기에 있습니다.

그런데 사람들은 세류의 정보 교육이나 유행하는 지식 교육만을 선호하려 합니다. 그것이 중요한 것은 말할 것도 없겠으나 기본이 허약해서는 롱런이 어려움을 강조하고자 합니다.

기본이 우선되어야 하고 기본을 더욱 철저히 해 주기를 열망합니다.

59

uthinking과 social love 사회

꘳

재미 교포 전종준 변호사가 〈유싱킹 : uthinking〉 이라는 책을 미국에서 영어로 출간했습니다.

전 변호사는 저서에서 이 시대가 요구하는 사고는,

자신이 먼저 성공하고 축복받으려는 자기중심의 긍정적 사고 'ithinking'이 아니라 남을 위한 긍정적 사고인 'uthinking'이어야 한다고 주장한 것입니다.

이 책에 '긍정적 사고를 뛰어넘는 생각'(Going Beyond Positive Thinking) 이라는 부제를 붙인 것도 이런 이유에서 큰 의미가 있다고 봅니다. 전종준 변호사는,

껍데기에 노예가 되지 마라

"우리는 '나'의 시대에 살고 있어 나눔을 기대하기 어렵다"며 "펌프질을 할 때 마중물을 부어야 물이 나오듯 남을 먼저 생각하는 유싱킹(uthinking)을 해야 사랑을 행동으로 옮기고 나눔과 소통을 실행할 수 있다"고 강조했습니다.

필자도 전적으로 공감합니다. 우리 사회는 「민주」와 「자유」라는 시대에 오랫동안 머물러 살아오면서 「자유방임」과 「개인주의」에 빠져 있습니다. 그러다 보니 「공동체 의식」이 망가졌습니다.

「가족 공동체」가 무너져 가고 있어요. 과거에 못살던 시절에는 형제 간 우애도 좋았고 동래에서 이웃 간 울타리 사이로 보리 개떡도 나누어 먹으며 인사도 잘하고 명절에는 먼 친척이라도 세배도 드리는 정겨운 삶이었는데 말입니다.

사회 공동체는 더욱 망가지고 있습니다. 개인주의가 너무나 심해져서 '나'의 불편함은 참지 못하면서 '남'의 불편은 아랑곳하지 않습니다.

젊은 층으로 갈수록 인내심이 없어 자기 불편이 조금이라도 침해당하면 '파르르' 열을 올리고 욕설이 터집니다.

남의 사업장 현관에서 담배를 피우지 말라고 주문했더니 20대 초반 여성이 욕설과 함께,

"씨~발, 니가 뭔데! 좀 피면 안 돼!"하면서 전투태세를 보였습니다. 다행이 그녀의 남자 친구가 가로막으며 다른 곳으로 떠밀고 가는 바람에 곤란한 위기를 모면했지만 이런 모양을 자주 필자가 겪고 있습니다.

지금도 대학생이 운집되는 거리에는 담배꽁초며 휴지며 가래침이 나뒹굴고 있지만 그들의 애정 표현은 번화한 네거리 신호 대기 시간에도 끌어안고 키스하는 등의 모습은 흔한 일이지요.애정 표현은 아름답게 보일지라도 그들이 길거리에 버린 담배꽁초와 휴지와 먹다 버린 종이 커피 잔들은 전혀 앞뒤 밸런스가 맞지 않는 미개국의 모습입니다.

매일 새벽 청소하는 분들이 말끔히 치우지만 저녁만 되면 매 마찬가지 모양입니다.

물질 만능과 개인주의 사고는 자유 민주주의 국가에서 낳은 산물이지만 그로 인해 병든 사회를 치유하는 방법을 강구하지 않는다면 여기까지 만들어온 피와 땀의 대가가 너무나 억울한 일입니다.

어른이나 젊은 사람이나 만연된 성범죄는 매일 신문에 오르내리고 가진 자 권력자의 비리와 전직 대통령이 감춰 먹은 재물을 안 내놓으려는 추한 모습이 매일 보도되는 상황이며 대통령을 지낸 사람이 검찰 조사를 받다가 자살하는 것을 보고 초등학교 학생들은 장차

껍데기에 노예가 되지 마라

어떤 꿈을 그리고 있을까?

최근에는 국가 기록문서가 없어졌다는 기막힌 말들이 개탄스럽기 짝이 없고 한국을 보는 세계의 시선들이 무어라 할 것이며 그것을 정쟁으로 이용하려 드는 부류가 또 있으니 나라 모양세가 서글퍼집니다.

'나'가 먼저가 아니라 '너'를 먼저 생각하는 삶이 되어야 진정한 소통이 이루어지며 참사랑이 행동으로 이어질 수 있다는 전 변호사의 생각과,
그리고 필자가 강의 속에서 강조해온 공동체 사랑(social love)이 세상에 퍼져나가길 갈망합니다.

60
정신문화 비정상의 정상화

✴
· · ·

지금 우리는 경제만 강조하며 경제만 좋아지면 잘살 수 있을 것처럼 말하지만 만연된 사회 병폐와 사회도덕을 치유하자는 사회 리더는 좀처럼 보이지 않습니다.

누구도 현 사회의 병폐와 부조리 그리고 잘못되어 가는 개인주의를 바로 세울 대안을 갖고 목청을 돋우는 지식층과 리더층이 없다는 것이 문제입니다.

한국은 지금 정신세계의 구심점 축이 없습니다. 종교가 그들 말대로 사랑이나 자비를 사회 속에 먼저 베풀어 비틀거리지 않도록 버팀목이 되어 주면 참 좋으련만 일부는 교세 확장과 천당과 지옥을 화두로 순박한 초심자와 서민들을 불안하고 헷갈리게 하고 있어 구심축으로 놓을 수가 없습니다.

〈정신문화 바로 세우는 일과 도덕 사회를 만들지 못하면 경제 지표가 5만 불 시대가 되어도 불행과 불통(不通), 그리고 사회 불안이 가중될 것입니다.〉

중국 공자 시대는 BC500년이고 한국의 충효예의 사상과 생활화는 배달국 시대에 이어 고조선 시대는 BC3897년-BC2333년에 이미 홍익인간 이념에 기초한 충효예의 관습이 전통적으로 자리를 잡고 있었습니다.

충효예의 사상이 사회 통합과 국가 의식을 공고히 하는 중추적 역할을 하였으나 근대 이후, 자유평등을 기치로 하는 '자유'와 '민주'라는 사고방식이 지배함에 따라 재래의 전통적 윤리 규범은 전근대적 봉건 도덕이라 하여 부정적으로 인식되어 왔던 것입니다.

그러나 그것은 대단히 잘못된 편향적 해석입니다.
忠孝는 '부(父)에게 효도하고 군(君)에게 충성하라'는 뜻이지만 그것은 부당한 처사에 불복하고 비합리적인 명령에 항거하는 정신을 핵심적 내용으로 포함하는 것임을 분명히 하고 있습니다.

과거 올바른 선비들이 임금에게 소신 있게 바른 말을 한 죄로 유배를 당한 사례가 그 증거입니다.

이 시대에도 바른 말하는 정치인과 선비가 필요합니다. 개인의 안위만 계산하며 요령 피는 사람들, 길을 알면서도 모른 체 딴전을 피우는 사람들 그런 가진 자, 쥔 자들이 많게 되면 한국의 미래는 어둡게 될 것입니다.

물질 지상주의에 의한 인성 고갈과 도덕성의 추락, 공동체 의식의 상실에 따른 국가관의 결여, 가족 문화의 파탄 등은 충, 효, 예, 의 정신문화를 바로 세우지 않으면 안 될 중차대한 시점에 직면해 있습니다.

따라서 향후 세계의 중심 국가는 사회도덕이 바로 서고 사람이 중심이 되는 도덕 국가가 될 것이며 정신문화가 바로 선 민족이 세계의 중심이 될 것입니다.

그래서 「한국인의 정신문화 바로 세우기」의 국민 교육과 운동 전개를 가정, 사회, 직장에서 다시 한 번 불을 집혀야 할 것입니다.

'운동'이라면 거부 반응을 보이는 사람들이 있으니 「공동체 사랑 생활화」로 표현하는 것이 좋을 것 같습니다.

독자 여러분도 동의해 주시고 social love 사회 만들기에 동참해 주시리라 믿겠습니다.

정부에서 대통령의 「비정상의 정상화」를 목청을 돋우어 말하는 일은 잘하는 일이지만 잘못되어 가는 「한국인의 정신문화」에 대한 정상화를 말하는 내용이 없습니다. 「정신문화의 비정상을 정상화」하는 일이 먼저임을 깨우칠 때, 그 시점부터 한국은 잘사는 나라의 출발이 될 것입니다.

'비정상의 정상화'는 관피아 부터 잡아가는 것이 우선이며 그 중에도 "공정한 거래를 확립하자"는 기관부터 모범이 되어야 할 것임에도 대통령의 의지와는 별개의 행위를 하는 모습에서 대한민국의 국민으로서 서글픔이 몰려옵니다.

61
하나님과 부처님이 원하는 삶

‧ ‧ ‧ ‧

‘참’이 무엇인지 살펴야 합니다.

우리 주변에 수없는 껍데기들이 ‘참’을 볼 수 없게도 하고 ‘참’으로 착각하도록 만들기도 합니다. 잘 보아야 합니다. 깨어있어야 보입니다. 미혹(迷惑)으로부터 벗어나야 보입니다.

부처님은 8식(八識)을 초월한 혜안을 가지신 분입니다. 식(識) 중에 제일 표면에 나타나는 것이 안식(眼識)·이식(耳識)·비식(鼻識)·설식(舌識)·신식(身識)인데, 이것은 가장 바깥에 나타난 거친 식이며 맨 앞에 나와 있다고 해서 이른바 전5식(前五識)이라고 합니다.

껍데기에 노예가 되지 마라

이 전5식을 총괄하는 것이 의식(意識)인데, 이것이 6번째에 있으므로 제6식(第六識)이라고 합니다. 이 제6식의 근간이 되는 식이 다름 아닌 아의식(我意識)이 강한 자아의식으로 제7식(第七識)이라고 합니다.

그리고 8번째의 제8식은 나타나 있지 않고 밑바닥에 숨겨져 있는 하나의 잠재의식입니다. 이 식(識)은 본래는 깨끗한 식이었는데 밝지 않은 [無明] 것에 가려져 있습니다.

그래서 진(眞)과 망(妄)이 함께 있다고 하여 진망화합식(眞妄和合識)이라고도 하고, 본래 깨끗한 것이 드러나 있지 않고 감추어져 있다고 하여 장식(藏識)이라고도 합니다.

불교에서 이 8식에 가리고 있는 무명(無明)이 없어진 밝고 맑고 깨끗한 상태를 이루는 것을 반야(般若), 즉 지혜를 이룬 경지라고 말합니다.

이것이 8식(八識)을 뛰어넘은 반야(般若)이고 이는 부처님의 '참'을 보시는 혜안(慧眼)입니다.

범인으로서는 그러한 경지의 혜안을 가질 수 없다 하여도 오감(五感)을 뛰어넘어 6식과 7식 즉, 강한 자아의식까지 접근하려는 노력이 있어야 망상에서 벗어날 수 있고 망상을 벗어야 참이 보일 것입니다. 그래서 선(禪)이나 명상(瞑想) 또는 묵상(黙想)을 하는 것입니다.

하나님은 이 시대에 세상과 사회와 사람을 소통하게 만드는 소명자를 원하십니다.

소통은 화해와 용서의 기술이고 포용과 수용의 기술이고, 낮아짐과 섬김의 기술입니다.

하나님은 이 시대에 감동을 만들어 내는 사람을 원하십니다.

낮아짐의 감동, 섬김의 감동, 희망을 놓지 않고 묵묵히 일하며 이웃에게 감동을 주는 사람을 보고 싶어 합니다. 그런 분이 종교의 참 리더이십니다.

그런 사람이 하나님의 초대를 받은 사람입니다.

껍데기에 시간을 허비하고 물질을 낭비하며 맑은 영혼을 흐리게 만들고 가짜에 노예가 되는 삶을 살피고 경계해야 합니다.

하나님의 거룩하신 「사랑」의 말씀을 함부로 말하고 제멋대로 토를 달아 맑은 영혼을 흐리게 만드는 종교의 리더가 하나님의 사랑을 파괴하고 있음을 보고 있습니다.

성경을 가감하여 교세를 넓히는 행위는 하나님의 종이 될 수 없습니다. 요한계시록 22장 18, 19절에 분명히 말씀하십니다.

껍데기에 노예가 되지 마라

"――만일 이것 외에 더하면 하나님이 이 두루마리에 기록된 재앙들을 그에게 더하실 것이요.(18절)――예언의 말씀을 제하여 버리면 하나님이 이 두루마리에 기록된 생명나무와 및 거룩한 성에 참여함을 제하여 버리시리라.(19절)"하셨습니다.

높고 웅장한 빌딩 교회가 하나님 사랑의 크기와는 무관하며 오히려 그것을 관리하는 속에서 부조리의 냄새가 진동하는 일은 없어야 합니다.

하나님의 말씀을 교묘하게 해석하여 사람을 많이 모으는 행위가 하나님 사랑과 영혼 구원은 아닙니다.

사랑은 이웃을 보듬는 사랑일 뿐입니다. 먼저 자신을 하나님 안에 녹여서 보이지 않아야 종교의 리더가 될 자격이 있을 것입니다.

복을 빌기만 하는 기복(祈福)을 벗어나 복을 스스로 만들어 가는 작복(作福) 신앙이 되어야 할 것이고 종교의 리더는 그렇게 이끌어 주어야 할 것입니다.

하나님의 사랑은 이웃을 보듬는 실천이며 부처님의 보시(布施)는 생색내는 마음이 없어야 하고 도움을 받는 사람 역시 도움을 받았다고 하는 생각에 구애받지 말아야 하며 보시하는 물질 또한 청정해야 한다고 했습니다.

이처럼 내가 베풀었다는 생각조차 못하는 보시가 바로 금강경(金剛經)의 무주상보시(無住相布施)입니다.

마치 꽃이 우리에게 향기를 나누어 주면서 아무런 보상을 바라지 않는 것처럼 말입니다.

이 세상 누구에게라도 아낌없이 주시는 거룩하신 하나님 사랑이 바로 이런것이 아니겠습니까.

62
아름다운 인생

서로 다른 것끼리 꼭 충돌하는 것은 아닙니다. 오히려 풍요와 번영, 그리고 얼마든지 아름다움을 창조합니다.

서로 다른 사람과 사람의 만남으로 갈등과 충돌이 일어날 수도 있습니다. 그러나 얼마든지 풍요와 창조로 이어질 수 있습니다.

노을은 낮과 밤의 만남 사이에서 아름다움을 연출합니다.

갯벌은 땅과 물의 만남으로 황금 어장이 되지요. 난류와 한류의 만남도 마찬가지입니다.

이질적 학문과 학문이 만나 융합 학문이 꽃을 피운답니다.

참, 아름답습니다.

독자님의 삶은 풍요롭고 창조적이십니까?

독자님은 비슷한 형상들과 그 안에서 살아가기 때문에 편안하다고 생각하십니까? 「나」 아닌 것을 자꾸만 「나」와 비슷한 것으로 바꾸려고 애쓰는 삶은 아닌가요?

진정 아름다운 것은 서로 다른 것끼리 만나 하모니를 이루는 것이 아닐까요?

그렇게 아름다운 인생을 이루면 참 좋겠습니다. 그렇게 이루어가는 분이 아름다운 리더십을 실행하는 분일 것입니다.

헛것(미혹迷惑)에서 벗어나야 합니다. 껍데기에 집착하여 그것의 노예가 되지 않기를 축원합니다.

독자님의 가슴 안에 사랑의 꽃씨를 듬뿍 심어 만인에게 기쁨을 선물하는 매일 매일이 되시기를 축원하며 글을 맺으렵니다.

주님! 상황에 따르지 않고 언제나 겸손한 삶을 살게 하소서!

상구보리하화중생(上求菩提下化衆生)하시는 삶 되십시오.

(위로는 깨달음에 정진하고 아래로는 중생을 교화하는 삶)

2014년 11월

저자 예향(芸香) 장 지 원

참고

탈무드(Talmud) : 교훈(教訓), 교의(教義)의 뜻으로, 유대인 율법학자들이 모든 사상(事象)에 대하여 구전, 해설한 것을 집대성한 책.

이 책은 유대교의 율법, 전통적 습관, 축제, 인간전승, 해설 등을 총망라한 유태인의 정신적 문화적인 유산으로 유대교에서는 〈토라:Torah〉라고 하는 '모세의 5경'다음으로 중요시된다.

팔레스타인에서 나온 것(4세기 말경에 편찬)과 메소포타미아에서 나온 것(6세기경까지의 편찬)의 두 종류가 있는데, 전자는 "팔레스타인의 탈무드" 혹은 "예루살렘 탈무드"라 부르며, 후자는 "바빌로니아 탈무드"라고 부른다.